UDAYANANIRĀKARAṆAM

Distributed by :

INDIAN BOOKS CENTRE,

Exportors of Indological Books.

40/5, Shakti Nagar,

Delhi-110007.

India

BIBLIOTHECA INDO–BUDDHICA No. 10

ĀCĀRYARATNAKĪRTIVIRACITAM

UDAYANANIRĀKARAṆAM

Deciphered and Critically edited
By

Dr. RAGHUNATH PANDEY
M.A., Ph. D., D. Litt.,
Vyākaraṇa-pali-Śāstrāchārya

Department of Buddhist Studies
University of Delhi

SRI SATGURU PUBLICATIONS
INDIA

Published by :

SRI SATGURU PUBLICATIONS,
Indological and Oriental Publishers,
Ist Floor,
40/5, Shakti Nagar,
Delhi-110007 (India)

First Edition, Delhi 1984

Prnted at : Aurn Composing Agency, D-102, New Seelampur, Delhi-110053.

Printed in India

भारतसम्भोटप्राच्यबौद्धविद्याप्रकाशन स० 10

आचार्यश्रीरत्नकीर्तिविरचितम्

उदयननिराकरणम्

डा० रघुनाथपाण्डेयः
एम० ए०, पीएच० डी०, डी० लिट्

व्याकरणपालिशास्त्राचार्यः
बौद्धविद्याविभागः, दिल्ली विश्वविद्यालयः

श्री सद्गुरु प्रकाशनम्
भारत

समर्पणम्

अमेयां दिव्यरसनां वदनाक्षरशालिनीम् ।
श्रीरामसुन्दरीं देवीं मातरं समुपास्महे ॥

मङ्गलाचरणम्

हरेरंशावताराय प्राचार्योदयनाय च ।
बौद्धविद्याप्रगल्भाय नमः श्रीरत्नकीर्तये ॥

INTRODUCTION

ĀCĀRYA UDAYANA was a great opponent of the BUDDHIST logicians. In his ĀTMATATTVA VIVEKA which is mainly concerned with a discussion about the true nature of the Soul, there is a section called BAUDDHĀDHIKĀRA the purpose of which is to present the view points of the BUDDHISTS. Sometimes this section is referred to as BAUDDHĀDHIKKĀRA (Reproach of the Buddhists). In his work the great ĀCĀRYA supports the theory of a permanent Soul. The doctrines of APOHA (Negative reasoning). KṢAṆABHAṄGA (momentariness). BĀHYĀRTHA BHAṄGA (non existence of external objects) GUṆAGUṆI BHEDA-BHAṄGA (non-differentiated state of objects and qualities). ANUPALAMBHA (Non perception) etc. of the Buddhists are reviewed by him and refuted.

Stories are current about the polemical adventures of Udayana. Mahāmohopādhyāya VIDYĀ-BHŪṢAṆA in his History of Indian Logic and Prof. D. Bhattācārya in his History of NAVYANYĀYA have referred to certain events. According to the former—One day there was a very hot discussion between Udayana and the Buddhists on the question of the existence of God. Unable to convince the Buddhists by means of arguments, Udayana ascended the top of a hill taking a Brahmin and a ŚRAMAṆA (Buddhistic monk). He hurled both of them down from the top of the hill. While falling the Brahmin averred "There is God" while the monk said "There is no God". It so happened that the monk died while the Brahmin was unhurt. This event was taken as a convincing proof of the existence of God.

Udayana was victorious in the disputation but the stigma of a murderer became attached to his name. When he went to

PURĪ the door of the temple of God JAGANNĀTHA was closed against him because he was guilty of a murderer. After a couple of days, it seems, the logician had a dream wherein the Lord told him that he would not get the divine vision unless he got himself purified by TUṢĀNALA by being burned in the fire of a heep of husks of paddy as a penitentiary rite. Later on Udayana went to Benaras and performed the rite but not before condemning even the lord thus as mentioned in ĀTMATATTVA-VIVEKA :—

जगन्नाथ सुरश्रेष्ठ भक्त्यहङ्कारपूर्वकम् ।
ऐश्वर्यमदमत्तोऽसि मामवज्ञाय वर्तसे ॥
उपस्थितेषु बौद्धेषु मदधीना तव स्थितिः ।
इत्येवमुक्ते श्लोके तु सहसोद्धाटिताः स्वयम् ॥

"O ! Lord JAGANNĀTHA, chief of Gods, you are proud of your property and devotion of your devotees, you insult me. When the Buddhists were present your very existenc depended upon me. When he uttered thus the doors of the temple became thrown open."

According to the latter story mentioned in BHAVIṢYA PURĀṆA PARIŚIṢṬA, a Buddhist scholar came to the royal palace of MITHILĀ with his disciples. Udayana held polemical discussion with him and defeated him after several days of argumentation. The Buddhist performed some miracles in front of a SHĀLAGRĀMA and Udayana performed a greater miracle. Both of them decided to jump down from the top of a palm tree. The poor Buddhist philosopher got hurt and died while Udayana escaped. As a result of thus—

नास्तिकस्य च यान्यासन् शास्त्राणि पृथिवीतले ।
तानि सर्वाणि चिक्षेप जले ये तदुपासकाः ॥
तान् सर्वान् दण्डयित्वा स चकारास्तिकसम्मतान् ।

All the atheistic texts were thrown into the river. Those who believed therein were punished and converted into theists.

Udayanāchārya has argued against Buddhist view points in his other works too such as KIRAṆĀVALI, TĀTPARYA

PARIŚUDDHI and NYĀYAKUSUMĀÑJALI wherein he expatiates on VĀCASPATI MIŚRA its theories and explanations. JÑĀNA ŚRIMITRA who was a preceptor of the author of the present work viz. RATNAKĪRTI is vehemently criticized by Udayana. The disciple advances equally cogent reasons in support of his GURU.

Ratna Kīrti was a professor in the ancient University of VIKRAMAŚILA about 11th century A.D. according to A.C. Senapa Mc Dermoth. Some say that he must have flourished about 950 A.D. as he was a teacher of RATNĀKARAŚĀNTI. Ratnakīrti was of course a Mahā Paṇdita, an erudite Scholar. His exposition of KSAṆABHAṄGA, APOHA and other special theories of Buddhists is very learned and noteworthy for its masterly analysis.

The doctrine of APOHA propounds that a word while denoting a thing positive, excludes it from all other things different from it *i.e.* a word bears both negative and affirmative connotations. An entity is defined as being the negation of its opposite *e.g.* a cow is that which is not a "non-cow".

Ratnakīrti has advanced many arguments against the existence of God in his IŚVARA-SĀDHANA DŪṢAṆA, SANTĀNĀNTARA DŪṢAṆA, STHIRA SIDDHI DŪṢAṆA etc. In the latter work existence of permanent entities is refuted All these works are included in the work रत्नकीर्ति निबन्धावलि. But the present work we are publishing has not been mentioned in it or in the Tibetan translations. The present title उदयननिराकरण has been decided on the basis of a quotation found in आत्मतत्त्व-विवेक from the work अपोहसिद्धि .' यद्यपि निवृत्तिमहं प्रेत्येमीति न विकल्प: तथापि निवृत्तिपदार्थोल्लेख एव निवृत्त्युल्लेख: । न ह्यनन्तर्भावितविशेषणप्रतीतिर्विशिष्टप्रतीति; । ततो यथा सामान्यमहं प्रत्येमीति विकल्पाभावेऽपि साधारणाकारपरिस्फुरणाद् विकल्पबुद्धि: परेषाम् ।" This quotation indicates some connection between our present work and RATNAKĪRTI.

Moreover all the works of Ratnakīrti begin invariably with a courteous salutation of goddess TĀRĀ, by ॐ नमस्ताराय. The present work उदयननिराकरण has the same salutation at the out set.

At the end of the discussion of VYATIREKĀ-TMIKĀ (Pervasion involving contraposed premises) in the II Chapter of UDAYANANIRĀKARAṆA it is said thus "उदयननिराकरणे वादरहस्ये व्यतिरेकादिभावेन्यायनिर्णयः" This clearly indicates the tittle of the book which we have provisionally called UDAYANANIRĀKARANA.

The main idea in the present work is the refutation of the arguments of Udayana in आत्मतत्त्वविवेक. The work reveals the conflict of mind with mind, ideas with ideas and philosophy with philosophy in a lucid style.

It is well known that Ratnakīrti was a disciple of JÑĀNAŚRIMITRA the controller of admission in the VIKRAMAŚILĀ university. There are indications in his works that he was alive when ĀTMATATTVAVIVEKA was written. Ordinarily no Buddhist Scholar dared to refute Udayana but Ratnakīrti could do it. The present treatise shows clearly that its author was determined to face a giant of polemics. He was not one who would keep mum and sink into oblivion. He had sincerely pursued his challenge of a veteren logician.

He has quoted profusely from ĀTMATATTVA VIVEKA before proceeding ahead in argumentation and refutation. He first enunciates a general principle and then arrives at from particular instances, hence his success in refuting Udayana too.

Jñānaśrīmitra and Ratnakīrti. As mentioned before they were preceptor and disciple and both of them had their sphere of activity in VIKRAMAŚILĀ university. Udayana criticises the preceptor's KṢAṆABHAṄGĀDHYĀYA, APOHA PRAKARANA and SĀKĀRA SIDDHI ŚĀSTRA. Udayana captiously quotes Jñāna Śrimitrā's verse in his TĀTPARYA PARIŚUDDHI with the remark "यदुक्तं ज्ञानश्रिया—

धर्मस्य कस्यचिदवस्तुनि मानसिद्धा,
बाधाविधिव्यवहृतिः किमिहास्ति नो वा ।
क्वाप्यस्ति चेत् कथमियन्ति न दूषणानि
नास्त्येव चेत् स्ववचनप्रतिरोधसिद्धिः ॥

Ratnakīrti quotes the same verse in his निबन्धावलि with the remark यथाहुर्गुरवः । Udayana further remarks त्वयैव ग्राहितः शिष्यः । न चैवं चेतनो ग्राहयितुमपि शक्यते । तस्मादलमङ्गुलिदीपिकया ध्वान्तध्वंसविधिमनुष्ठयेति । This clearly indicates that Udayana was aware of their student-preceptor relationship. In view of the fact that major part of ĀTMATATTVA VIVEKA is devoted to the refutation of the Buddhist doctrines it came to be known as BAUDDHĀDHIKĀRA. The present work of Ratnakīrti brings before us a lucid picture of the wordy combat of the two logicians with arguments and counter arguments. The word logomachy applies to their discussion very suitably.

DHARMAKĪRTI is highly esteemed by our author who calls him BHAGAVĀN BHUVANAIKA-GURU etc. PRAMĀṆAVĀRTIKA is liberally quoted here. Other famous DĀRŚANIKAS too such as AKṢAPĀDA KUMĀRILA BHAṬṬA etc. are quoted and refuted.

The language and style of this work is profound and decent. Unfortunately many portions of the palm leef Mss have been destroyed and worn out. Fading letters too in the undestroyed portions has been another difficulty I had to face. The first leaf is so blurred that no letter is visible at all. As far as possible I have endeavoured to decipher the correct reading. I have not come across any Tibetan translation of this text. Hence a sure source for the verification of the text is lost.

All workers in the field of Indology, especially in Buddhistic literature, owe a debt of gratitude to that ocean of wisdom Mahā Paṇdita Rāhul Sānkṛtyāyana for his discovery of many valuable Buddhist MSS. Many others who have hailed the discovery of this MSS also deserve my thanks.

Delhi 1984 R. N. PANDEY

विषय सूची

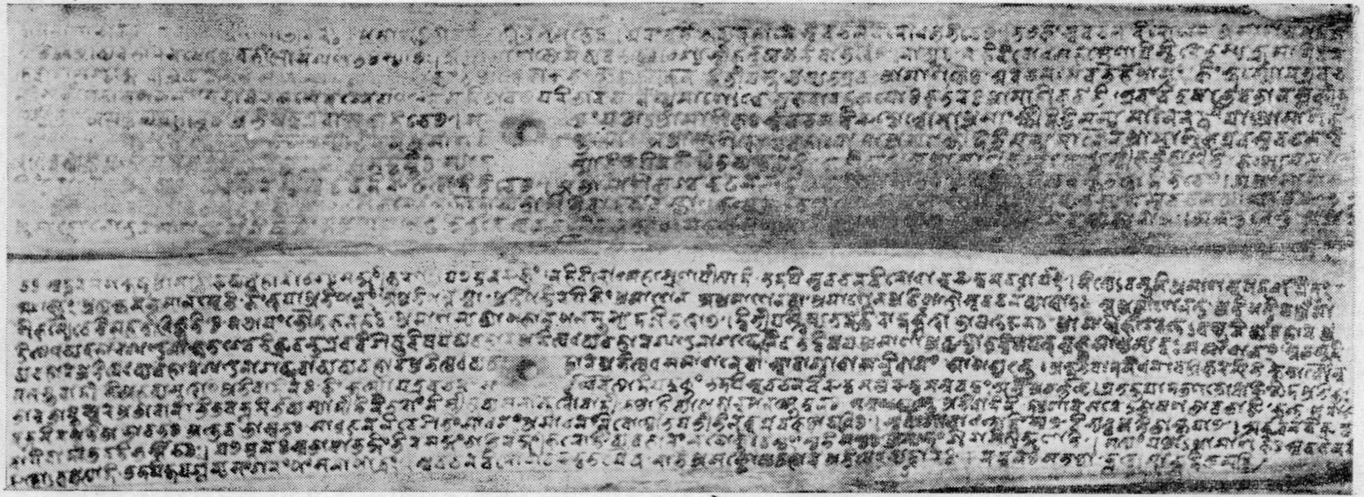

For a facsimile of a page used in the Book.

उदयननिराकरणम्

प्रथमोऽध्यायः

(IB-1) ॐ नमस्तारायै ।

विज्ञायन्ते स्ववचनसरणिं रमणीयतमां गुणिगणावशिष्टाम्

उदयनवचनात् स्ववचन-[चरण] हतिसरणिं भणिष्यामि ।

इह खलु विशालशैलमेखलास्थूलस्थाणुस्थानीये (2) परस्य (ज्ञान प्रसूतपृष्ठ) श्रीमत् ज्ञानश्रीमित्रपादीयमुक्तसामर्थ्यासामर्थ्यातिप्रस्फुटित[1] उपशङ्कातः सामर्थ्यासामर्थ्यविरुद्धधर्मसंसर्गेण भेदसिद्धौ तत्सिद्धिरिति **सत्त्वादिषु[2] परेणश्लेषितं क्लिश्यते ।**

अविकलेन हि सकलदूष्यकेण (3) हि पालना प्रत्यक्षतः पृथ्वीपवनपाथः प्रत्यर्थिबीजानि परस्परोपसर्पणसम्पूर्णप्रत्ययप्रत्यर्जितसन्निधानानि तदुद्भूत-स्वाधीनवर्द्धिष्णुतादिगुणरमणीयपरिणतया प्रवर्धन्ते (4) प्ररोहं प्रतिप्रत्ययभाव-जान्य [भावजानि] प्रभाव्यन्ते । यथोक्तविशेषणप्रत्ययत्वमेषां प्रत्यात्मप्रतिष्ठा-धिष्ठितसौष्ठवपृष्टप्रत्यक्षानुपलम्भसम्भवान्वयव्यतिरेकप (5) रिकलपना तस्या उपलालितसकलितसहकारिसाकल्यविशेषणसारुप्यमवस्थापनीयमपरथा प्रत्य-यान्तरप्रत्यासत्तिसापेक्षत्वे बीजस्येव क्रमयौ (6) गपद्यविशेषसौष्ठवस्फुटितमु-पाधावग्रिमक्षणस्यापि सहकारिसाकल्यासाकल्यावस्थयोः स्थितास्थिततया

---

1. यत् सत् तत् क्षणिकं यथा जलधरः सन्तस्तु भावा इमे ।
   सत्ता शक्तिरिहार्थकर्मणि मितेः सिद्धेषु सिद्धा न सा ॥

2. आ. त. वि. पृ., 5-7 यत्सत्तत् क्षणिकं यथा घटः
   ... ... प्रतिबंधासिद्धेः ।
   सामर्थ्यासामर्थ्यलक्षणविरुद्धधर्मसंसर्गेण भेदसिद्धौ तत्सिद्धिरिति चेत्,
   न, विरुद्धधर्मसंसर्गासिद्धे :
   सत्त्वात्मकं प्रसंगप्रसंगविपर्ययात्मकम् आदिषु

प्ररोहं प्रति प्रत्येतुं पार्येत । तथा च कुशूलकुक्षिकुण्डलितक्षणा (7) धिकत्वात् सहकारिक्षणक्रमेण केदाराक्रान्तकलेवरं कदम्बकमेकमनेकम्वेति विस्तरत विचारचक्रमपक्रमन्ते । किं चेत् न तयो क (8) थितमिदमुत्तानीक्रमेण सहकारिसहचरितप्रत्ययप्रत्यासत्तिभ्रान्तस्वभावान्तरमिन्त्युपक्षिप्य पक्ष-प्रतिपक्षप-(IA 1) रिजिघृक्षाक्षान्तहृदया साधकमिदमिति ज्ञापकविरोधे व्याहरन्ति ।

जिघृक्षासामर्थ्यसमर्थनादौ साक्षाद्व्यवहर्तुं तत्तदा तत्करोत्यादि तत्करोत्येव वा यथा (2) च यस्य नेहः सन्दोहनिःसन्देहपरिणतौ प्रणति-देहोत्कृष्टः यथाप्रकाशितसाधनातत्त्वप्रसाधनश्च केवलोपि क्षणत्वपदार्थः न च केवलस्तथाभू (3) तोपि करोत्यपीति करोत्येवेति वा प्रत्याकलितः स एष प्रसङ्गप्रसङ्गतो विपर्ययः पूर्वापरकालमिलितकरणाकरणयोराधार-भेदञ्च संदीपयति । तथाहि (4) पर्यवसाने जनकत्वमभिमतकार्ये पर्यालोचितं प्रमाणेन प्रत्येकमवस्थितम् ।

अन्वयव्यतिरेकाभ्यां धराधामादिसाकल्यं श्लथयित्वा विशेषणं परापरभावभङ्ग्या स्वविशेषव्याप्तमालोच्य॰ानमत्यन्तायोगव्यवच्छेदायोग-व्यवच्छेदच्छदिच्छन्नमुन्नीयते—

निर्विशेषं हि सामान्यं भवे (6) **च्छशविषाणवत् ।**
निर्विशेषणं कर्तृत्वं भवेद्वन्ध्यासुतासमम् ॥

तस्मादसमत्प्रतिभावर्णभावस्थाप्रतिभासप्रभावात् भावानां किन्तत्रैव तथा (7) भदन्तैः परमपरापरसदृशता च स्वभावान्तरानुभवितैक-प्रतिसन्तानं बन्ध्यत्वमकर्तृत्वं केशकुन्तलकमलकाण्डात् स्वर-वत्संवेदनीयम् । तत् (8) तपनादिसहचरभेदसम्पादिततत्तदादिभेदो दर्श्यतां पूर्वापरावस्था पारमार्थिका भेदज्ञा प्रत्यभिज्ञा परमविश्वाससर्वस्वं बिभ्रति भ्रमिमूर्षणीयेति । पक्षद्व-(9)-यानुग्रहनिग्रहे हेतुः हेतुभाव एव भावनां संदूष्यते भव्येन । तथाहि, तत्कर्तृत्वं परेषु मध्यस्थमिव वादिप्रतिवादिसम्मत-बिलम्बकारित्वात् सप-(BII 1)-क्षादित्वविशेषसिद्धिविश्लेषेऽपि सुश्लेष-कौशलबलावलम्बीवानुमतमुभयभूमिभागिनोरपि भावतो भूतोक्तिप्रवृत्तयोस्त-थाभूतञ्च भाव्यमानं कर्तृत्वरूपं किं तत्त्वतोऽत्यन्तायोगव्यवच्छिन्ननिर्वर्त्म-कर्तृत्वरूपमुच्छविभ्रमभूमि — भूतानुभवव्यवस्थानमनवस्थितमपि अनुमन्यते मान्येन अन्येन वा प्रकारेण यदुतायोगव्यवच्छिन्नकर्तृ-(3)-त्वरूप-

मुत्कीर्तयितव्यम्, व्यपेतानुभवादिव्यवस्थमपि स्वस्थयः स्थविरवादिवृन्द-वृन्दारकानन्तरकथितपक्षयोरन्यतराङ्गीकारकारागारग्रहेण । अर्थगृ (4) हीतौ-पर्यायतो द्वावपि द्वापरद्वारालङ्कृतौ कथय कोऽत्र निस्त्राणमापद्यते अवद्यप्रभेद इति चेदुच्यते । अयमेव प्रसङ्गः यदुत यद्यदा (5) यत्समर्थव्यवस्थानस्थानं तत्तदा तत्करोत्यपि यथा सामग्र्यवस्थायां विकलकालकलायामपि पूर्वादि-कायामकथितसामर्थ्यव्यवस्थानं स्थानञ्च (6) काञ्चनकार्यमर्यादामादाय दर्शितो भावभेदः इत्यन्तायोगव्यवच्छेदकर्तृत्वपक्षे लक्षयितव्यः प्रसङ्गः । न च कदाचिदपि वेद्यते निःसहचरस (7) हकारिचक्रः प्रक्रममाणः कर्तुमत्यन्ता-योगव्यवच्छेदेन अभिमतो भावः स्वकार्यमित्यावर्जनीयो विपर्ययश्चात्र । तथापि स्यात् अनेकान्तशान्तावनमुत्थितायामभित्तिचित्रकर्म्मप्रतिममिद-माभाति । तथाहि सामर्थ्यव्यवहारयोग्यत्वेपि प्रसङ्गसाधने कीदृशवर्तृत्व-प्रवर्तितशक्तव्यवस्थानमाक्षेपमक्षे-(p. 5)-पकारित्वस्य प्रसाधकप्रमाण-प्रस्थापनार्थत्वात् । सहकारिसाकल्ये सत्येव करोतीति बिलम्बकारित्वलक्षणश्च केवलावस्थायां प्रसज्जयितुमशक्यत्वात् । सहका-(2) रिसाकल्ये सति करोत्येवेत्येवं स्वभावकर्तृत्वकीर्तनेऽकीर्तिः करितलबिलम्बितेव स्थविरवादानु-कूलत्वात्कुक्षित्वादस्य पक्षस्य हन्तनितान्तनिर्मलैः सुभाषितभानुभिरनुन्न-मेव परेषां मोहतमः । यदेवं साकल्यं सहकारिकल्पं बीजकर्तृत्वविशेषणं प्रक्षिप्य परपक्षः क्षुभ्यतेऽक्षेपकारित्वमपि तद्विशे (4) षरूपं प्रमाणप्रसिद्धं अनुरुध्य बाध्यते साधुः यस्मादक्षेपकारित्वानपेक्षकारित्वं कर्तृत्वसामान्य-स्यान्त्यावस्थायां प्रत्यक्षानुपलम्भसम्भावित (5)स्य व्यक्तिप्रभेदतया व्यापक सम्भाव्य प्रकारान्तराप्रतीतेरनक्षेपकर्तृत्वरूपं कर्तृत्वसामान्यस्य परिणाममम-नुमन्यसे प्रङ्गगसङ्गतौ (6) नाङ्गता सङ्गच्छते दोषस्य । तथाहि हेतुसाहि-त्येऽपि बीजस्य कर्तृत्वं दृश्यमानं न साहित्येन विशेषणीयं शिलाशकलादेरपि तथात्वप्राप्तेः अपितु कैवल्यै (7) व बीजस्य प्रत्येकमवस्थितं अन्वयव्यतिरेकयोर-वगमेन पाषाणकुलस्य साहित्यबहिर्भावभजनात् । प्रत्येकत्वञ्च न च विशिष्यमाणं कर्तृत्वं बीज-(8)-स्य प्रत्येकत्वाभावस्वभावोऽ प्रत्येकरूपः सहकारिचक्रसंपर्कः कथं विशेषं शक्नुयात् नहि चक्षुर्नास्ति तेन च विशिष्टमिति शिष्टेष्टः पक्षः । अथापि प्र (9) त्येकत्वस्य साहित्ये प्रत्येकमन्वयादेगृ-हीतौ नाप्रत्येकत्वेन विशिष्यत तदुत्तरकालं पुनर्विशेषणीयं एतावन्ति सहकारीणि सहितानि हि ता (IB III 1) नि कार्ययिति पाठान्तर अपरहस्तेन सामग्री-मीहमानो मानोचितस्तामेवादत्ते सामग्रीपाषाणतलाकीर्णमपीति चेत् न्

अकारणविकलपकत्वादेव नोपादीयते (2) कार्यार्थिना शिलाशकलादिको भाव: । किन्तया विशिष्य करणीयं यदा तु विशेषणमेतादृशं अपसारितम् । अथ तदानीं अवशिष्यमाणं व्रीहिकलेवरं कारणत्वेन निष्टङ्कितेन (3) अत्यन्तायोगव्यच्छेदानुमितौ केवलमपि कदाचित्करोतु सामग्रीसमवग्रह काल इति प्रसङ्गसङ्कीर्णवत: प्रथनो मनोरथोन्मथोऽयं प्रार्थितोदोषः प्रार्थित: (4) तदयुक्तम्—

सामर्थ्यं हि कृति: योग्यता वा[1] ? नाद्य: साध्याविशिष्टत्वप्रसङ्गात्[2] । नापि[3] द्वितीय:, सा हि सहकारिसाकल्यं या । प्रतिस्विकी वा, नाद्य: सिद्धसाधनत्वात्, परानभ्युपगमेन (5) हेत्वसिद्धिश्च यत्सहकारिसमवधानवत्तद्धि[4] करोत्येवेति को नाम नाभ्युपैति यमुद्दश्य । साध्यते, न चाकरणकाले सहकारिसमवधानवन्तोऽस्मानभ्युपेयते (6) यत: प्रसङ्ग प्रवर्तेत । प्रातिस्विकी तु योग्यता अन्वयव्यतिरेकविषयीभूतं बीजत्वं वा स्यात् तदवान्तरजातिभेदो वा । सहकारिवैकल्यप्रयुक्तकार्याभाववत्वं वा । नाद्य: (7) अकुर्व्वतोपि बीजजातीयस्य प्रत्यक्षसिद्धत्वात् । तवापि तत्राविप्रतिपत्ते: । नेतर: तस्य कुर्वत्यपि मयानभ्युपगमेन दृष्टान्तस्य साधनविकलत्वात् । को हि नाम सुस्थात्मा (8) प्रमाणशून्यमभ्युपगच्छेत् । स हि न प्रत्यक्षेण अनुभूयते तथाऽनवसायात् । नाप्यनुमानेन लिङ्गाभावात् । यदि न कश्चिद्विशेष. कथं तर्हि करणाकरणे चेत् (9 क एवमाह नेति । किं[6] जाति भेदरूप: सहकारिलाभालाभरूपो वेति नियामकं प्रमाणमनुसरन्तो न पश्याम: तथापि योऽयं सहकारिमध्यमध्यासी (IA—III-7) नोऽऽक्षेपकरणस्वभावो भाव: स यदि प्रागप्यासीत् तदा प्रसह्य कार्यं कुर्वाणो गीर्वाणशापशतेनाप्यपहस्तयितुं न शक्यते, इति चेत्" । युक्तमेतत् यद्यक्षेपकरणस्वभावत्वं भावस्य प्रमाणगोचर: स्यात् कुत: तत्सिद्धमिति चेत् न विद्मः । प्रसंग तद्विपर्ययाभ्यां तत्सिद्धिरिति चेत् न, परस्पराश्रयप्रसङ्गात् । एवं स्वभावत्वसिद्धौ हि तयो प्रवृत्तिस्तत् प्रवृत्तौ च चैवं स्वभावत्वसिद्धिरिति ।

---

1. उदयनेन कारणत्वं वा (आ० त० वि० पृ० 7)
2. आ० त० वि० पृ० 7, 8 । 3. आ० त० वि० पृ० 10, 11
4. समवधानवत्वम् (आ० त० वि०)
5. अस्माभिरभ्युपेयते । आ० त० वि० पृ० 11
6. परं किं जातिभेदरूप: (आ० त० वि० पृ० 13,14)

"स्यादेतत कार्यजन्मैवास्मिन्नर्थे प्रमाणं विलम्बकारिस्वभावानुवृत्तौ कार्यानुत्पत्ति सर्वदेति चेत्।" न, बिलम्बकारिस्वभावस्य सर्वदैवाकरणे (4) तत्त्वव्याघातात्। ततश्च बिलम्बकारीत्यस्य यावत्सहकार्यसन्निधानं तावन्न करोतीत्यर्थः। एवं च कार्यजन्मसामग्र्यां प्रमाणयितुं न शक्यते न तु जातिभेदे। ते तु किं (5) यथानुभवं परस्परसापेक्षा विलम्बकारित्वभावाः परस्परं प्रत्यासन्ना कार्यं कृतवन्तः किं वा यथात्वपरिकल्पने क्षिप्रकारिस्वभावा इत्यत्र (6)कार्योपजननमजागरूकमेवेति।

नापि तृतीयः, विरोधात् सहकार्यभावप्रयुक्तकार्याभाववांश्च सहकारिविरहे कार्यवांश्चेति व्याहतम्।(7) तस्माद् यद्यदभाव एव यन्न करोति तत्तदभाव तत्करोत्येति स्यात्। एतच्च स्थैर्यसिद्धेरेव परं बीजसर्वस्वमिति एतेन समर्थव्यवहारगोचरत्त्वं हेतुरिति निरस्तम्। तादृग्व्यवहार (8) गोचरस्यापि बीजस्यांकुराकरणदर्शनात्। नासौ मुख्यस्तत्रव्यवहारः। तस्य जननिमित्तत्वात्। "अन्यथात्वनियमप्रसङ्गादिति चेत्, न, कीदृशं पुनर्जनन (9) नं मुख्यसमर्थव्यवहारनिमित्तम्। न तावदाक्षेपकरणं निमित्तं तस्यासिद्धेः। नियमस्य च सहकारादिसाकल्ये सत्येव करणं करणमेवेति ये एवं स्वभावत्वेनाप्यु-(1.8 IV—1)-पत्तेः। ततश्च जननिमित्त एवायं व्यवहारो न च व्याप्तिसिद्धिरिति।"[1]

जरठकमठपृष्ठकर्परकणेरमतिकटुकूटप्रकटनपटलमतिविकटमतिपाटवाढ्यो येन (2) विपाटितमस्येति नरीनृत्यतां त्रिभुवननगरनर्तननटीवादकीर्तनकीर्तिः कृतिकदम्बकस्येति किमधिकमत्र सम्वदनीयम्। एतेनायोगव्यवच्छेदेन कर्तृत्वं[2] (3) कर्तृत्वसामान्यपरिणाममपि पुरोधाय धूर्तब्रुवत्रस्वीकरणमशरणमारब्धमेवं यद्यदा यत्करणसमर्थव्यवहाराभ्यङ्गस्तं तत्तदा तत्करोत्येव यथान्त्याव (4) स्थायां प्राक् पृथगवस्थायामपि बीजमबीजपरागित्वरत्सत्वरमेवंविधमवधारितम्। न च करोत्येवेति तद्विपर्ययपर्यालोचना पर्यस्तनितान्तान्तः (5) करणेन कृतिना सम्पत्तव्यम्। तदेवमबीजपरावृत्तबीजं धर्मप्रत्यक्षानुपलम्भारम्भसम्भावितान्वयव्यतिरेकिकार्यतया निर्णीतकर्तृत्वसामान्यजमाक्षिप्याक्षेप (6) कारित्वानक्षेपकारित्वलक्षणजननजनितं तत्समर्थव्यवहारयोग्यत्वं साधनं साध्यञ्चात्र करोत्यपि करोत्येवेति वा कर्तृत्वद्वयं

1. आ० त० वि० पृ० 13-14-17
2. आ० त० वि० पृष्ठ, 7—17 शा० श्री० मि० 38

पर्यायितो यथा पराभ्युपगमं स्वयमपि (7) सम्भवति पक्षद्वयस्य प्रतिक्षेपालक्षणात्सामान्यस्य विशेषाव्याप्तेः सम्भवात् । पक्षद्वयस्यापेक्ष्यापि लक्षयितव्यमेवं प्रसङ्गतद्विपर्ययमपर्यासितं क्षणेनापि दूष (P.9 IV) (1) णगणस्य यद्यत्करणसमर्थव्यवहरणकारणत्वाभरणस्य तमुपलब्धं तत्तदाकरणवत् यथान्त्यायां दशायां प्राक्पृथगवस्थायामपि बीजमजातजरत्त्वमनु (2) मतम् । एवमेकप्रत्यवमर्शमसृणमनीषया मनीषिजनेन । न च निर्चीयमानमाम्नातमपि कदाचनापि केवलं करणेन दुश्चलकुक्षिनिक्षेपादिदशायां (3) दिशोपि दशाशेषा पर्यटता प्राणिवादेन प्रत्येकस्यास्य जनकत्वमवधारितम् । अतो न परितोषः साकल्यस्य स्वस्वबोधेन समाधानेन च बुधपरार्थ्यस्य प्रत्येकमि (4) त्यङ्गीकरणे स्वाभावस्वाभाव्यमभावप्रतियोगित्वं तदैवेति सहितं तत्रैवेति सहितं उभयसहितं तथैवेति सहितमासक्तमिति स्वकाण्ड (5) दण्डखण्डिताडम्बरं स्ववचनसम्वरणमपि पलायनपरायणमापातितमिति विपदेषा समूलघातच्युति कथं प्रतिकर्तव्येति । दूरतरललोचनप्रचल-(6)-जलदस्रास्रुधारासहस्रेणापि न त्राणमामरणान्तमार्तकातरः रवादिनो वराकस्येति सानुक्रोशमपि स्वान्त सन्तरयति न वादविधौ वाचा-(7)-लगलितामित्यलमलीककाव्यकल्पनाजल्पैरनल्पैर्न्यायाभिनिवेशी भव भव्योपि **न्यायनीतौ** । "(1) तथाहि कस्तवायं न्यायः अथ एतावतापि भावस्य कः स्वभावः समर्थितो भवति । नहि पक्षविपक्षाभ्यामन्यः प्रकारोऽस्तीति चेत् न दूषणाभिधानसमये निश्चयाभावेनैव सन्दिग्धासिद्धिनिर्वाहे कथापूर्वरूपपर्य (8) वसानादित्यनेन ।"[1] प्रसङ्गसाधनं पराभ्युपगमेन वा संभाव्यमानतया वा प्रकारान्तराभावात् प्रस्तूयते । तत्र सन्दिग्धासिद्धत्वमुक्त्वा दूषणमेव मयैव ना (P.10—V)भ्युपगतमिति चेत् तच्चिन्त्यतां कर्तृत्वमनुमन्यसे तावद् तच्च यावत् पूर्वस्थितमेव प्रत्यभिज्ञाश्रित्य इत्याश्रयोर्बाजात्मकं यत्कार्यमव्यपेक्षकमन्वयव्यतिरेकासामर्थ्यावस्थित-(2)-तथाभावं तावदत्यन्तायोगव्यवच्छेदनकर्तृत्वरूपं पर्यवसितमभङ्गमेव प्रसङ्गस्य कथं संदिग्धासिद्धदोषेण शोषयितुं शक्यम् । आक्षेपकारित्वमपि तत्राधिष्ठिता-(3)-त् भागादिदन्तयाधिष्ठितं भागं साकल्यगर्भाविर्भूतं भावयित्वा सम्भावितं ततोऽधिष्ठितं भागेऽविनिर्भागभाविनं भावतो भाष्यते तदेव बीजं पूर्वमप्यासीदिति (4) तदाक्षेपकारित्वक्षणजननजनितसमर्थव्यवहारयोग्यत्वं प्रसङ्गसाधनं कथं **संदिग्धासिद्ध्या विधूननीयं** इति न प्रतिवादिसमाश्रितोत्तरपक्ष-

---

1. आ० त० वि० पृ०, 17-18

प्रतानकथापू (5)र्व्वभागः स्वरूपभङ्गमनङ्गीकृत्यास्तीति व्यस्तमखिलदोषोद्-
भावननिग्रहाधिकरणप्रसङ्गवत्। उभयमपि अक्षेपकारित्वानपेक्षकारित्वमनु-
ल्लिख्य (6) व बीजं केवलं सहकारिमध्येऽप्यवसितकर्तृभावं प्रागपि कुर्वन्
तथाभूतमिति भावतो भाषस्व सुसन्धिसाधिबाधनम्। [समाधिमाधिबाधनम्]

ननु भाषित एव समाधिः। तथाहि— कृ(7)ति प्रति-अविलम्ब इति
भावः। किमुत्पत्तेरनन्तरमेव कृतिः सहकारिसमवधानान्तरं वाविलम्ब
इति कोऽर्थः? किं यावन्न सहकारिसमर्थानाँ समवधानं तावदकरणं सर्व-
(8) थैवाकरणमिति वा। तत्र प्रथमचतुर्थयोः प्रमाणाभावात्, अनिश्चये
द्वितीयतृतीययोः प्रत्यक्षमेव प्रमाणं बीजजातीयस्य हि सहकारिसम-
वधानान्तरकर (9) करण-करणमेवेति प्रत्यक्षसिद्धमेव। तथा सहकारि
समवधानरहितस्याकरणमित्यपि। अत्र च तवापि न विमतिः एव
प्रमाणसिद्धत्वात् विपर्यये बा (P.11 [IA VI]) धकाच्च।
तथाहि यदि सहकारिविरहेऽकुर्व्वाणस्तत्समवधानेऽपि न कुर्यात् तज्जातीयम-
कारणमेव स्यात्। समवधानासमवधानयोरुभयोरप्यकरणात्। एवं यदि तत्सम-
वधान (2) विरहेऽपि कुर्यात् सहकारिणो न कारणं स्युः तानन्तरेणापि
करणात्। तथा चानन्यथासिद्धान्वयव्यतिरेकवतामप्यकारणत्वे कार्यस्याक-
स्मिकत्वप्रसङ्गः (3) तथा कादाचित्कत्वविहतिरिति। एवञ्च द्वितीयपक्ष
विवक्षायामक्षेपकारित्वमेव भावस्य स्वभावः। तृतीयपक्षविवक्षायान्तु क्षेप-
कारित्वमेव भावस्य स्वरूपमिति नोभयप्रकारनिवृत्तिरिति[1]। त एव (एतत्)
अहो अपूर्वोऽयमस्य दम्भारम्भः स भ्रमभूमिभूयिष्ठभौतबलभोगफलम्भोज
स्थितः कष्टयति भूतभाषणभूषणमपि[2]भ्रातृव्यस (5) मुपेतं तथा हि हे भैषी
च प्रणयरमणीयभाषणभूम्ना स्वसमाम्नायनामानं अर्थसार्थं सहकारि-
साहित्यमपरित्यज्य समर्थनं ते तत्वतः साहित्यमुदाहृत्य तच्च तत् (6)
कृतमिति विक्रीतगवीरक्षणवृत्तान्तमुपहरति। तथोक्तेरनन्तरं व्याकृतिनिश्चले
कीर्तिमत संकीर्त्यते 'साधनत्वेन प्रमाणफलं हितत्। सति हि (7) क्षणक्षीण-
तोपलक्षणेन प्रेक्षावांश्च क्षणिकोऽक्षेपपक्षप्रमुखानां यथासुखसुखं लेखयापि

1. आ० त० वि० पृ० 18-19-20
2. ज्ञा० श्री० मि० नि० 214 : भाषणं भूषणस्य

खण्डयितुं दुःशक्तम् । इदृशसशक्तिसमर्थनम् । तस्मादाचा (8) र्यवचनात् तमेव श्रुति-श्रुतिपुटकेन कर्णेहृत्य प्रीयतां प्रीत्या न स साहित्येपि पररुपेण कर्त्ता स्वरूपञ्चतस्य प्रागपीति प्रागपि कुर्यादिति[1] । यदप्यमुना (9) नयेन विवदता वादिनि सुस्थितम्[2] । तथापि किं असमर्थस्यैव सहकारिविरहः स्वरूप-लाभानन्तरं कर्तुरेव वा सहकारिसमवधानमन्यथा नेति किं नियामक (10) मिति चेत् 'इदमुच्यते कुशूलस्थबीजस्यांकुरानुकूलः शिलाशकलाद्विशेषः कश्चि-दस्ति न वा, न चेन्नियमेन एकत्र प्रवृत्तिरेव न स्यान्निवृत्तिश्च तदर्थिनो न स्यात् (1 BP.12—VI) परम्परयाऽङ्कुरप्रसवसमर्थबीजक्षणजननादस्त्येवेति चेत्–. कदा पुनः परम्परयापि तथाभूतं करिष्यतीति । तत्र सन्देह इति चेत् । स पुनः किमाकारः किं सहकारिषु (2) समवहितेष्वपि तेषु करिष्यति न वेति । उत असमवहितेष्वपि करिष्यति न वेति । अथ यदा सहकारिसमवधानं तदैव करिष्यत्येवेति । कदा तेषां समवधानमिति (3) सन्देहः । नाद्यः समान्यतः कारणत्वानवधारणैतस्यानवकाशात् । अवकाशे वा कारणत्वावधारणात् । नेतरः सहकारिणां तत्त्वावधारणे तस्यान (4) वकाशात्, अवकाशे वा तेषां तत्त्वानवधारणात् । तृतीये तु सर्व एव तत्सन्तानान्तःपातिनो बीजक्षणाः समानशीला प्रप्नुवन्ति यत्र तत्र सहकारि (5) समवधाने सति कृति नियमात् सर्वत्र च सहकारिसमवधानसम्भवात् । 'समर्थ एव क्षणे क्षित्यादिसमवधान-मिति चेत्—तत्किमसम(6)र्थे सहकारिसमवधानमेव न । समवधाने सत्यपि वा न तस्मात्कार्यजन्म । नाद्यः शिलाशकलादावपि क्षितिसलिलतेजः पवन योग (7) दर्शनात् । नेतरः शिलाशकलादिव कदाचित्सहकारिसाकल्यवतोपि बीजादङ्कुरानुत्पत्तिप्रसङ्गात् ।'' एवमपिस्यात् । को दोष इति चेत् (8) न तावदिदमुपलब्धम् । आशङ्क्यत इति चेन्न तत्सन्निधाने सत्यपि अकरणवत् तद्विरहेपि करणयोगमप्याशङ्क्येत आशङ्क्यतामिति चेत्-तर्हि बीजविरहे ऽपि आशङ्क्येत । तथा च साध्वी (9) प्रत्यक्षानुपलम्भपरिशुद्धिः । स्यादेतत् न बीजादीनां परस्परसमवधानवतामेव कार्यकरणमङ्गीकृत्याशङ्क्यते येन समवधानानियमा सर्वेषाम्बा तज्जाती (P.13 IA—VII-1) यानामेकरसता निश्चयः स्यात् । नापि यत्र तत्र समर्थोपपत्तिमङ्गीकृत्य येन विकलैभ्योऽपि

---

1. हेतुविन्दु पृ० 60
2. आ० त० वि० पृ० 20/24

कार्यंजन्मसम्भावनायां प्रत्यक्षानुपलम्भविरोधःस्यात् । किन्नाम बीजादिषु स-
(2) मवहितेष्ववान्तरजातिविशेषमाश्रित्यापि कार्यजन्मसम्भाव्यत इति ।" न
दृष्टसमवधानमात्रेणैव उपपत्तौ तत्कल्पनायां प्रमाणाभावात् कल्पनागौरवप्रसङ्गः
(3) प्रतिहतत्वात् अतीन्द्रियेन्द्रियादिविलोपप्रसङ्गात् कल्पनानुपपत्तेर्विशेषस्य
विशेषंप्रति प्रयोजकत्वाच्चेति"[1] — **तदप्यसारं** — बीजस्यजन्मनि जननं येन निरु
(4) पितमेव निदानमङ्कुरकाण्डकलिशप्रभृत्ति — उर्णवनयवनवनकुसूलतलनिमी-
लयदपि दात्रसूर्प (शूर्प) मृतिमुक्कुरप्रक्रमादितदनन्तरमुपनयोग्यबेलाविलोकने
कुसू (6) लकक्षि तदाकषप्रकर्षक्षैत्रधराधामादिसमवधानमुपसर्प्पणप्रत्यय-
प्रतिबद्धमभ्यवसितमखिलेन परिणतिपरम्परया च कियत्या पूज्यते सङ्गतिम-
(6) ञ्जसा अङ्कुराख्यं क्षित्यादीनां कार्यं न्यक्षेणालक्षित तदेतस्य परिणत-
कारणपरम्परायां भिन्दति स स्वभावो वा बीजस्वभावोऽच्युतप्राच्यरूपो वा
व (7) स्तुतोऽस्त्विवति विमर्शपूर्बकं खर्व्वगर्वभृतः प्रस्तुबते तत्रानर्थान्तरजाति-
भेदानुमतिर्मतेः पुरो नापि प्रकृतप्रबन्धानुबन्धो **बौद्धानां** प्रसिद्धः सिद्धान्तः (8)
पुनरीदृशः - निखिलास्त्रिकर्णसुखंकुर्वाणः

तद्यथा समर्थः कुतः उत्पन्न इति चेत् स्वकारणेभ्यः । तान्येनमपरप्रत्यय-
सन्निधान एव किं जनयन्ति ? कदाचिदन्यथा[2] स्यात् ततश्चैकोपि क्वचिज्ज-
नयेदिति चेत् "अपरापरप्रत्यययोगेन प्रत्यभिक्षणं भिन्नशक्तयः सन्तन्वन्तः
संस्काराः यद्यपि कुतश्चेत्साम्यात्सरुपाः प्रतियन्ते [P 14 1 B VII 1]
तथापि भिन्नएवै षां स्वभावस्तेन किञ्चिदेव कस्यचित्कारणमिति "कस्माद्"
दृश्यावान्तरजातिभेदोपालम्भः सृगल्लपल्लवितः प्रबलजनवदुत्तानेनान्तःकरणं
प्रीणाति प्रा (2) माणिकस्य स्थूलपरामर्शेन हि विजातीयव्यावृत्तबीजादर्जितं
स्वकार्यकारित्वमवस्थापितमपि सूक्ष्मावान्तरप्रसङ्गतद्विपर्ययपर्यालोचनाख्य
विमर्शान्तरवृत्या (3) बीजत्वाधिष्ठितस्वभावविशेषप्रतिष्ठितं प्रसाध्यते किं
तत्रानुपपन्नं नाम यथा दवीयसि देशे विनिवेशितात्मभावं भावं विभाव्य वृक्ष
इत्यवृक्षव्यावृत्तमवधारयत्यवधा (4) रणाध्वरीणोद्भव जनः पुत्रः सन्निधा-
नाधीनधीविशेषेण शिंशपेति तत्राप्येते निरूपणात् वक्रकोटरपटलघटितस-
स्कन्धसन्धिरिति स्वभावान्तरमवगम्य (5) मानमपि न वृक्षत्वशिशपात्व

---

1. आ० त० वि० 24
2. हेतेविन्दु पृष्ठ 8-9

शून्यमवसीयते । न वा सर्वो्वृक्षः शिंशपा न वा सर्वे च शिंशपा वक्रकोटरपटल-घटितस्कन्धसन्धिरिति तथाभूतं प्रस्तुतम (7) प्यस्तु वस्तुव्यथाव्यूहस्यापहतेः अनुपहसित एव साध्यसाधनभावः बीजत्वमेव हि सामान्यम्विधिरूपेऽवस्थितं अखिलासु व्यक्तिषु नास्माकमङ्गीकारगो (7) चरः पुनश्च तत्रावान्तरादृश्य-जातिभेदाभ्युपगमवादो वावदूककल्पित एवमुच्यते [मुह्यते] न पुञ्जपुञ्जेन प्रत्यर्थितः, एतञ्चाम्बरवर्त्मवर्तिकमलपरिमलालोलरोलम्बमाना (8) विराव-कुलावगाहि, यदुत – स खलु जातिविशेषः संग्राहको वा स्यात् प्रतिक्षेपको वा स्यात् – एवं शालित्वमपि संग्राहकं चरप्रतिक्षेपकं वा[1]।" न च नोभय-मपीत्यादि (9) यथा विकल्पकल्पितप्रतिदूषणप्रसरः यस्मात्स्मेरास्य-सरसीरुहहारिहसितेनापि नार्पितसत्यङ्कारः कश्चिदपि विपश्चिदेवं विधा-वान्तरजातिभेदे यादृशस्तुप (P.15 IA VII, 1) रापरप्रत्ययप्रबन्धानुबन्ध-बोधितः सामान्यसम्भवेऽपि स्वभावभेदस्तथा प्रख्यापितमनन्तरं सहेतु हेतुवित्तसंस्पन्दनेन यत्पुनरुक्तिरुच्यते विशेषस्य विशेषं प्रति प्रयो (2) जक-

विरोधाच्चे' ति तत्सिद्धमेव साधयितुमारब्धम् । तथापि यद्यपि कुतश्चित् सा स्यात् सरूपाः प्रतीयन्ते तथापि भिन्न एवैषां स्वभाव इति भाषया शालि-वीजत्वाधिष्ठितान्त्यव्यक्तिलक्षणञ्च (3) विलक्षणस्वभावविशेषविभ्रान्त एव कर्तृवादोऽङ्कुरं प्रतिस्थूलपरामर्शव्यवस्थापि तत्कर्तृभावभाजं बीजधर्म्मिणं अध्यवसायसाहित्येतरयोरवस्थयोः अधिकरणकर (4) णे कलया कलयितुमशक्ये विरोधाकर्षिप्रसङ्गं तद्विपर्ययप्रमाणमैक्यपरिपन्थिपश्यता दृश्यते हि प्रामाणिक-चक्रमौलिलालितचरणयुगलाना (5) मप्येवंविधो क्षणव्याहारः यथा प्रमाणेत-तरतासाधारणवेदवाक्यमाकलय्याधिकरणप्रमाणान्तरेण प्रामाण्यलक्षणस्वभावा-न्तरसाधनम् । यथा वा (6) महीमहीधरादिशशधरकृतेतरादिना रूपेण संदिग्धमपि धर्मपुरोधाय साधनान्तरेण तनुते जनो जानाति चाचरणीयचक्र-बहुविरतितत्वं यश्चायमु-(7)-पसंहारः संदृब्धः । तस्माद्यो यथाभूतो यथाभूत-मात्मनोऽन्वयव्यतिरेकावनुकारयति तस्य तथाभूतस्यैव तथाभूते सामर्थ्यम्, तद्विशेषास्तु कार्यविशेषं प्रयो-(8)-जयन्ति शाल्यादिवदिति युक्तमुत्पश्याम इति मयोक्तो यस्मात्स्थूलास्खलितप्रत्याकलनेन अङ्केनादाय तस्मिन्नंशे निःशङ्कःशङ्कुशुकोपिलोकः । कथंकथि-(9)-कस्तु तदवान्तरविचारचक्रचौर-प्रव्यावितस्थूलदृष्टिनिविष्टबुद्धिः प्रमेयः प्रदाप्यते । नामुना न्यायेनेति

---

1. आ० त० वि० पृ० 25-26

पुनर्भणामः । अन्यबीजजातीयमपि च कुसूलमी(IB-VIII, 1) लनानुक्तबीजं बीजत्वेन निरूपणात् । अनयोरवस्थयोः स्थितैकस्वभावत्वं विरुद्धता प्रसङ्गादिना-प्रमाणेनाह प्रयोजकमात्रेणाबीजत्वमायातीति केन भावेन भाष्य-(1)-ते । किन्तयोरवस्थयो स्थितस्य स्थैर्यं प्रत्यक्षेण सिद्धमस्ति । अथ तद्वा स्यात्तादृक् चास्यानुकश्चिद्विशेषमित्यभिसन्धिना ।

अथ प्रसङ्गतद्विपर्ययमेव न किञ्चिदिति कृत्वा । किंवा बीजत्वमेव (3) सामान्यमात्मसकलव्यक्तिप्रत्येकपरिसमाप्तमूर्तिसहजशक्तिसशब्दितमागन्तु शक्ति व्यपदेश्यं सहकारिसाहित्यसमेतमुपलब्धमङ्कुरजननयोग्यमन्यथात्वे (4) बीजत्वे इति मनसि निवेश्य स्थैर्यस्य प्रत्यक्षसिद्धिपर्यालोचनात्शून्यत्वान्नाद्यः । तादृक् त्वमपि पर्यन्तवर्तिनामेब बीजानामिति द्वितीयोपि न । प्रसङ्गतद्वि (5) पर्ययप्रमाणं पुनर्निरस्तसमस्तदूषणम् । अबीजपरावृत्या बीजत्वं बहुतम-व्यक्तिसम्मतेऽपि पूर्वापरकालयोर्बीजे निश्चाययिष्यते तेन निजागन्तुकशक्तिपक्षो (6) पक्षेण वैलक्षण्याविष्करणमात्रमत्राणं अंकुरस्य जातिनियमाकर्म्मकत्व-प्रसङ्गस्तुविपर्ययवाधकमबाधकमेव यतोऽबीजपरावृत्तिविशेषेण बीजत्व (7) वाङ्कुरत्वनियमस्योपपत्तेः । एतेन विपर्ययोप्यनैकान्तिकः कथितः । बीज-विशेष एव हि प्रयोजको न तन्मात्रं बीजस्य प्रमाणवृत्तेर्बलवत्त्वात् । स्थूलदृष्ट्या त्वेवमवस्थाप्य (2 A, 7, 1) तां न व्यवहारहानिः प्रतिबन्ध-साधनोपायः पुनः सापायः अङ्कुरस्य[1] हि जातिनियमो न तावन्निर्मित्तः, सार्वत्रिकप्रसङ्गात् । नाप्यन्यनिमित्तः तथाभूतस्याभावात् सेयं (2) निमित्त-वता विपक्षान्निवर्तमाना स्वव्याप्यमादाय बीजप्रयोजकतामेव विश्राम्यतीति प्रतिबन्धसिद्धिरित्येवं वर्णिता बीजत्वाधिष्ठितस्वभावभेदस्यान्यावस्थारूपतया तूपलक्षण (3) स्थ अङ्कुरत्वनियमं प्रतिप्रयोजकत्वात् । व्यभिचार्येव बीजत्व-मात्रमङ्कुरस्यप्रयोजकतायां बोजस्वभावत्वमात्रं नाङ्कुरे प्रयोजकम्, प्रयोजकं पुनः तत्स्वभावाधिष्ठित-(4) शेषाधिष्ठितं प्रयतमाने बीजत्वमुपलब्धमिति स्थूलकलनम्, न च रूढकफलं तत् अनालोकितस्तत्त्वस्थलोति एतदेव त्वमिति नासौ व्यवहारः पारमार्थिक (5) इत्येतत्तदा एवमवतारितो विचारः कथं प्रस्तावमवविस्फूर्यते तेन बीजस्वभावत्वं[2] क्वचित्कार्ये प्रयोजकत्वं न वा ? न चेत्तत्स्वभावं बीजम्, तेन रूपेण (6) कश्चिदप्यनुपयोगात् । एवं च प्रत्यक्ष-

---

1. अक्षराणि लुप्तानि ।

2. आ. त. वि., पृ. 30,31

सिद्धं बींजस्वभावत्वन्नास्ति सर्वप्रमाणागोचरस्तु विशेषोऽस्तीति विशुद्धा बुद्धिरित्युपहासभावाप्युपहसितभाव-(7)-मेव तिरस्करोति। क्वचिदप्युपयोगे त्वेकस्य तेन रूपेण सर्वेषामविशेष ताद्रूप्यादिति। यद्यपि कुतश्चित्साम्यात्स-रूपा प्रतीयन्ते तथापि भिन्न एव एषां (8) स्वभावस्तेन किञ्चिदेव कस्य-चित्कारणमित्यनेन तथात्वं यच्च भाव स्यादिति कथितं तदपि अप्राप्त-सहकारिसाहित्याभ्यां विशेषादिपरिणामलक्षणसामर्थ्यकारण-(9) त्वात्। अन्त्यबीजरूपत्वाभावात् प्रसिद्धरोषस्तिष्ठति। तदेव हि तन्न पूर्वं न परत्वादिति किं मुखस्येते तस्मांत्प्रतिक्षणमपरापर[1]-यत् कार्यानुकूलप्रत्यय साकल्यमधि-(2 Bl.,L)-शय्य बीजत्वमवान्तरं स्वभावालम्बनं सम्बेद्यते तदेक कार्यंप्रति तथाभूतं सम्वेद्यते तदेककार्यं प्रति तथाभूतं तदेव प्रयोजक-मसद्वादग्रहः यदुक्तमनेन[2] तथा च (2) बीजं किंचिदेव स्वकार्यं कुर्यान्नापराणि। न च वस्तुमात्रं तत्कार्यं अबीजादनुत्पत्तिप्रसङ्गात्। नापि बीजमात्रं अंकुर-कारिणोऽपि तदुत्पत्तिप्रसङ्गात्। नाप्यङ्कुरान्यतममात्रं प्रागपि तदुत्पत्ति-प्रसङ्गात्। यदायदुत्पन्नं-(3) सत् यत्कार्यानुकूलसहकारिमध्यमधिशेते तदा तदेव कार्यं प्रति तस्य प्रयोजकमिति चेत् तत्किमवान्तरजातिभेदमुपादाय बीज-स्वभावेनैवेति वा आद्ये (4) स एव जातिभेदः तत्र प्रयोजकः किमायातं बीजत्वस्य द्वितीये तु समानशीलानामपि सहकारिविकलपादकरणमित्यायातं तत्तत्सहकारि सा-(5)-हित्ये तत्तत् कार्यं प्रति प्रयोजकस्य बीजस्वभावस्य सर्वसाधारणत्वादिति। अत्रापि प्रयोगः यत् येन रूपेण अर्थक्रियासु नोपयुज्यते न तत्तद्रूपं यथा बी-(6)-जं अङ्कुरत्वेन न किंचिद्प्यकुर्वन् न अङ्कुरस्वरूपं तथा च शाल्यादयः सामग्रीं प्रविष्टाधिबीजत्वेनार्थंक्रियासु उपयुज्यन्त इति व्यापकानुपलब्धिः (7) प्रसङ्गहेतुः, तद्रूपतायां अर्थक्रियां प्रतियोग्यतया व्याप्तत्वात्, अन्यथातिप्रसङ्गात्। तद्रूपत्वमेव तस्य प्रत्यक्षसिद्धत्वादशक्या-पह्नवमिति चेत्—अस्तु तर्हि वि-(8)-पर्ययः। यत् यद्रूपं तत्तेनार्थक्रिया-सूपयुज्यते। यथा स्वभावेन सामग्री निवेशिनो भावा बीजजातीयाश्चैते कुशूलस्थासादयः इति स्वभावहेतुः तद्रूपमात्रा-(9) नुबन्धित्वात् योग्यतायाः ततश्चास्ति किञ्चित्कार्यं यत्र बीजमुपज्यते।[3] इत्यादिरारम्भे गम्भीरः

1. आ. त. वि. पृ. 30,31
2. आ. त. वि. पृ. 32
3. आ. त. वि. पृ. 33,34 अक्षराणिलुप्तानि

कर्णेरवत् तत्सूरमर्गलः प्रस्फुटितशंख-(शृंग)-वत् प्रवन्धो बद्धो वा (2AII P 10) बाल कथय कुतः कुतर्कें त्वया कलितः। यतः प्रदर्शाद्यानवद्यविद्याचार्यप्रकाण्डपरिपिण्डितान्वीक्षिकीकीर्तितधर्मकीर्तिकमतमपरापरप्रत्ययोगेनेत्यादिकं[1] प्रसङ्गो नाङ्गसंगतः। (2) तद्रूपतामात्रस्य वस्तुवत् प्रसूतप्ररोहादिकार्यार्जिनयोग्यतया व्याप्त्ययोगात्। कारणाभावात् समर्थस्वभावानुपपत्तेः। तथाहि तत्र योऽव्यवधानादि देशबीज-(3)-विश्वम्भरादिकलापः स सभागाङ्कुरकरणे समर्थो हेतुः यस्तेषां परस्परोपसर्पणाश्रय प्रत्ययविशेषः (4) स तद्धेतुजनने समर्थः तेषाञ्च न पूर्वं न पश्चात् न पृथक् भाव इति समर्थानामपि पूर्वापरपृथग्भावभाविनो दोषा नोपलीयन्ते। तेनैषाँ परस्परोपसर्पणादिहेतुर्यः समर्थहेतुरिति तस्य न कदाचिदन्यथाभावः।[2] अनेन (5) न्यायेन सर्वत्र हेतुफलभावप्रतिनियमः द्रष्टव्यः प्रतिक्षणं अन्यान्यस्वभावभेदान्वयिनीषु भावशक्तिषु न तु स्थिरैकभावेषु भावेषु स्वभावस्यान्यथात्वासंभवात् (6) समर्थासमर्थस्वभावयोः क्रियाक्रियायोगात्। अन्यसहितः करोति चेत् किं न केवल इति चेत् किं केवलस्य कार्यकरणेऽसमर्थः स्वभावः। समर्थः किं न करोति ? (7) अकुर्वन् कथं समर्थ इति ? हेतुबिन्दावाचार्यवचनमकलङ्कहरिणाङ्कनिर्मलमपि स्वपक्षनिर्वाहवाहाधिरोहादिव प्रत्यूहव्यूहव्यस्तमुपन्यस्तवान् अभ्यसितमनीषः पा-(8) श्वेकरानि उत्प्रेक्ष्यते साहित्यमुपाधिमधिरोप्य सामर्थ्यासामर्थ्यापेक्षया प्रसङ्गतद्विपर्ययप्रत्याशां शाति भवान् तत्राप्याचार्यवचनं न साहित्येपि पर-(9) रूपेण कर्ता स्वरूपञ्चास्य प्रागपीति प्रागपि कुर्यात्। इति साहित्येपि न साहित्यविशेषणं करणसामर्थ्यमिति प्रसङ्गात्। प्रोक्तं वाक्यन्तु ततः स्वभावनिष्ठ-(10)-मप्रतिष्ठाप्य प्रसङ्गो नाङ्गसङ्गतिमङ्गीकरोत्युक्तमेव।

ननु सति क्षणभंग भंगिरेषागुरुगरिष्ठोपि शास्त्रकृतः तत्प्रसाधकप्रमाण-(2 B II, 1) प्रसङ्गसङ्गतौ दुर्गताङ्गनादोहदलीलां समुद्वहति पिच्छिलतत्त्वतुच्छाच्छार्था स य समूर्च्छलिता पक्षालकलङ्कणभङ्गिनः साधीयेभ्योऽपि सम्येभ्यो बीभत्सन्त इति (2) नैतदाश्चर्यं सहस्रेणापि हि निष्पीडामवधानतः सुरपतिरक्षां वीक्ष्यमाणो न प्रेक्षतेऽसौ स्थितस्थितस्थित्यादिसंविधानादपरदशायां बीजस्य जनकत्वमिति (3) स्थिरपक्षे कथमयं नियमो महनीयतां नीयतां किं

1. आ. त. वि. पृ. 33-34
2. हेतुबिन्दु प्रकरण पृ० 89

स्वहेतुदत्तमर्यादतया सामग्रयेपि वा प्रत्येकसामर्थ्यासमर्थमसहतया वा पर्यन्त-प्रतिपन्नपर्यन्तप्रतिपन्नसंमूर्च्छनतादि स्व-(4)-भावहीनतया वा परिपक्षा-दृष्टसदसत्कर्मनिर्माणनिर्मूलतया वा दृश्यते तावदेवमेवं ते कथमित्यनर्थक-प्रथमकथा प्रथनाद्वा कश्चरत् पुरतो गच्छेत् स्वभ्रं (5) वा स्वर्गमेवेति पक्षाः पञ्चेन्द्रियकल्पनात· पञ्च वा उपस्कृतसञ्चितान्यविषयनिश्चयनान्नाद्या मनसि विपश्चितः प्रविशति शक्यमेवमतथ्यमपि (6) स्थापयितुं स्वकारणकलाप-परिकल्पितं चक्षुषो रूपं यदिदं मदीयो रूपं च समवैति ।

शब्दमथ प्रत्यासीदन्तं तदात्मना तुलयति अपरत्रान्येवं विष-(7)-येऽनुशासनीयमिति तृपञ्चतयी कल्पना पारमार्थिकी स्यात् ग्राह्याऽर्थविषया उपद्रव्यं भावयितुं पार्यन्ते । स्वहेतुदत्तमर्यादतया यदेकमेव हि स्वहेतुविहित-विशेष (8) पञ्च वा धियं धत्ते पञ्चप्रपञ्चचक्षुरादीन्द्रियप्रसाद।दिति तदनन्तरमघातपरिशीलिनमपि (शीलनीयं) एकैकशः कलितान्वयव्यतिरेकत्वात् अन्यपरिणामप्रणाशमा-(9)-शंसतां पूर्वाशिवतातिः प्रतिवादस्य प्रारब्धाप्रियेण प्रियमनुष्ठितम् । कर्म्मनिर्माणनैपुण्यं न प्रमाणयता प्रणेतव्यो व्योमान्तर्जातोयो वीजादि भाव (ग्रामः) (2 AIII, 1) तस्य दृष्टाभिनिविष्टत्वे वा कामं अन्य प्रतीक्षोऽस्तु, नियमस्तु विरुध्यत इति गुरुप्रबाधकप्रमाणप्रहारः प्रकृष्ट आस्ते । वादादिकथा नव्यस्य कथने च विक्षेपनिग्रहप्रसङ्गः (2) स्यात् पक्षपूजाविष्करण-मात्रमन्तिमसपक्षे लक्ष्यते न पुनरधिकं किञ्चित् ।

तस्मात् तथा तत्कारणं वस्तु तथैव तदकारणम्
यथा तत्कारणं केन मतं नेष्टमकारणम्। (3)
स्वभावभेदेन बिना व्यापारोऽपि न युज्यते ।
नित्यस्याव्यतिरेकित्वात् सामर्थ्यञ्च दुरन्वन्यम् ।।[1]

इति प्रसङ्गतद्विपर्यय[2] प्रेरिणा प्रसरः स्थिरत्वे सति जनकत्वेन निर्णी-तस्यान्ति-(4)-म परिणामे ब्रीहिविशेषस्याविचल इति स्थितमाचार्यवचनं तस्मात्तत्स्वभावस्य अन्यथात्वासम्भवात् । तद्धर्मणस्तु तथाभावोऽन्त्यावस्था-वदनिवार्यः । अन्त्यावस्थायां-(5)-प्राग समर्थस्य सामर्थ्योत्पत्तौ सामर्थ्यस्य तत्स्वभावत्वेऽपूर्वोत्पत्तिरेव सा । अतत्स्वभावत्वे स प्रागिव पश्चादपि अकारक

1. हेतुबिन्दु प्रकरण पृ 59
2. ,, ,,

एव। । सामर्थ्याख्यातपदार्थान्त-(6)-रात्कार्योत्पत्तेरिति तस्मात्प्रतिष्ठित-स्वभावभागी भावः। अहेतुभिर्जन्यते न पुनर्यद्यथानुप्रतिष्ठः बीजन्तु सति सहकारिसाकल्ये संदिग्धे नि-(7)-धननिबन्धनाधीनत्वं सशंसितसंभावनं स्वहेतुना जन्यत इति जन्यमेतत् समस्तन्यायनीते।

पारतन्त्र्यं हि सम्बन्धः सिद्धे का परतन्त्रता।
तस्मात्सर्वस्य भावस्य सम्बन्धो नास्ति तत्त्वतः॥
रूपे श्लेषो हि सम्बन्धो द्वित्वे सति कथं भवेत्।
तस्मात्प्रकृतिभिन्नानां सम्बन्धो नास्ति तत्त्वतः॥
परापेक्षापि सम्बन्धः सोऽसन् (9) **कथमपेक्षते।**
संश्च सर्वनिराशंसो भावः कथमपेक्षते॥[2]

सिद्धासिद्धयोरपेक्षाभावादत्यन्तासम्भवी सम्बन्धः न सिद्धस्यासिद्धं किञ्चिदस्ति यदर्थमपे-(2 B III, 1)-क्ष्यते यथा सामान्यात्मनासिद्धं विशेषात्मनार्थमपेक्षते अङ्कुरादिको भावः निष्पत्त्यनिष्पत्तिविरुद्धयोर्ध्यासेन भिन्नत्वात् सिद्धासिद्धविकल्पानतिक्रमात् ततो न सहकारिसापेक्ष-(2) वलक्षपक्षादिपदार्थसार्थस्य सम्भवः स्वहेतोः सम्भावनास्पद नहि भवति निजजननिगडनियमित एवायं नरोपसन्नमौननियम एव वाचा **वाचस्पति**-(3) मपि पिच्छयति। तस्मात्प्रमाणविरुद्ध एवार्थो ज्ञापकेन ज्ञाप्यते कारक हेतुना च करणीय इति एष एव परमप्रमाणिकः प्रचारः।

यच्चोक्तम् "अथवा व्यतिरेकेण प्रयोगः (4) विवादाध्यासितं बीजं सहकारिविकलप्रयुक्ताङ्कुरादिकार्यवैकल्यं तदुत्पत्तिनिश्चयविषयीभूत-बीजजातीयत्वात्, तत्पुनः सहकारिविकलप्रयुक्ताङ्कुरादिकार्यं (5) न भवति तदेवंभूतजातीयम्, यथा शिलाशकलमिति'[3] एतदपि न ससाहित्येपि पररूपेण कर्ता[4] इत्येतेन गतार्थः। अंकुरजननस्वभावभ्रष्टभावादेव अना-(6)-विर्भूता-

---

1. हेतु विन्दुटीका ;20 पृ.
2. सम्बंधपरीक्षा : रूपश्लेषों हि सम्बंधो द्वित्वे स च कथं भवेत् इति निबंधो प्रमेय कमलमार्तण्डे, स्याद्वाद रत्न करें च पाठः 'परापेक्षाहि' इति तिब्बनी, प्रमे. स्या रत्ना. पाठः .
3. आ. त. वि. पृ. 36

भिनवोद्भिद्वीजं प्रागवस्थायामिति स्थापितमेव । स्थूलपरामर्शाश्रये समावेश्याबीजव्यावृत्तबीजविषयमन्वयव्यतिरेककल्पनं सूक्ष्माऽवा-(7)-न्तरनिरूपणपराहन्यमानमानसेनापि मन्तव्यं कोऽत्र मन्त्रयते । तस्मात्स्थूलपरामर्शापेक्षया यदि स्वभावविशेषभ्रंशेन नास्याङ्कुरकार्यविक-(8) लत्वं साध्यमेवमनोकान्तः । सूक्ष्मप्रेक्षापक्षापेक्षता यज्जातीयत्वमसिद्धम् । स एव हि तस्य नास्ति यस्तज्जनकः । निःस्वभाव इति भावः । तदत्र परमार्थः सत्वं (9) तु हेतुः क्षणिकत्वे कुतः सपक्षो जलधरः स च साध्वधर्माध्यासितो बोधनीयः प्रमाणेन प्रमाणञ्च प्रसङ्गविपर्यय. तच्च किं व्यापारं उप-(2 A IV, 1) पाद्यते । पूर्वापरावस्थयोः करणाकरणमध्यक्षप्रेक्षितं लक्ष्यीकृत्य प्रमाणान्तरबाधाद्वा कादाचित्कानपेक्षवत् इति तर्कोपनिषदाचार्यवचनाद्विरुद्धमेकत्वे पूर्वापरावस्थयोर्बीजस्य प्रान्ते प्रेक्षितप्रत्येककर्तृत्वस्य साधयति करणाकरणम् । यस्माद्विरोधस्य सामान्यलक्षणं च विचक्षणः समाचक्षाणः परभाग-(3)-भागी तत्र सामान्लयक्षणमेकधर्मण्यनवस्थितिनियतत्वं तच्च सामान्यं व्यक्तिद्वयात्मना बिशेषी स्यात् । सहानवस्थानलक्षणं परस्परपरिहारस्थितलक्षण-(4)-ताख्यं च । तत्र प्राच्यस्य (आद्यस्य) प्रत्यक्षानुपलम्भप्रत्यक्षाणि सत्ता साध्यसिद्धानि द्वितीयस्य पुनरन्योन्यभेदसिद्धेर्वा ध्रुवभावविनाशवत् प्रमाणान्तरबाधाद्वा । कादाचित् (5) कानपेक्षवदिति वचनादुपायद्वयमुपन्यस्तमास्ते । तत्र तत्कालं कारित्वमतत्कालकारित्वभेदेन सिद्ध्यति विरुद्धं न कालान्तराकारित्वेन तदवच्छेदे-(6)-नास्य विधेर्विधुरत्वात् । यथा कादाचित्कमकादाचित्कत्वेन विरुद्धं अनपेक्षत्वमपि सापेक्षत्वेन ।

अथ चयेनैव प्रमाणेन कादाचित्कानपेक्ष-(7)-योः एक धर्मिण्यनवस्थितिनियतत्वं निरूप्यते, तेनैवानयोर्विरोधो बोधसौधाधिरोही तद्वत्कालभेदेन अनाश्रितादिमविरोधबोधोपाययोर-(8)-पि करणाकरणयोः प्रसङ्गविपर्ययाख्यमक्षतप्रमाणलक्षणमाख्याति, परस्परप्रत्यनीकत्वमेकधर्मण्यनवस्थितिनियमं निरूपयदिति पलायितं प्र (9) त्याशया परस्य अतो यदपरमेवमवादीत् वादी तदपि दलितदर्पमपसर्पति सचिवान् ।

अस्तु[1] बीजत्वमेव प्रयोजकम्, भवतु सहकारिसन्निधाने सति (2B IV,1) कर्तृस्वभावत्वं भावस्य, तथा च तदसन्निधानेऽकरणमप्युपपद्यताम्, तथापि

---

1. आ. वि. पृ. 37

तज्जातीयमात्र एवेयं व्यवस्था न त्वेकस्यां व्यक्तौ करणाकरणलक्षणविरुद्ध धर्माध्यासस्य (2) तथा च तदसंनिधाने प्रत्यक्षसिद्धतया तत्र दुर्वारत्वादिति चेत् —न विरोधस्वरूपानवबोधात्[1]। स खलु धर्मयोः परस्पराभावरूपत्वं वा स्यात् नित्यानित्यवत् (3) धर्मिणि तदापादकत्वं वा शीतोष्णत्ववत्[2] तद्वता वा दण्डित्व कुण्डलित्ववत्[3]।

नाद्यः[4] निर्विशेषणस्यासिद्धेः यावत्सत्वं किञ्चित्त्करणात्। सविशेषणस्य तु विरोधसिद्धाव-(4)-प्यध्यासानुपपत्तेः। यदायदकरणं हि तत्करणस्याभावो न त्वन्यदा तत्करणस्य न चैतयोरेकधर्मिसमावेशमातिष्ठामहे। नेतरः भावाभा (5) वव्यतिरिक्तयोः करणाकरणासिद्धेः व्यापारापरव्यपदेशसहकारिभावाभावौ हि करणाकरणे कार्यभावाभावौ वा। अति-(6)-रेकसिद्धावपि स्वकाल एवं स्वाभावप्रतिक्षेपवदकरणाभावमाक्षिपेत् करणं न त्वन्यदा। नहि यो यदा नास्ति स तदा स्वभावं प्रतिक्षेप्तुमर्ह-(7)-ति, विरोध्यभावं वाऽऽक्षेप्तुं तथा सति न कदाचिदपि तत्र स्यान्न कदापि तद्विरोधी भवेदिति। 'नासतो विद्यते भावो नाभावो विद्यते सत' इति आयातं न वा विरो-(8)-ध[5] इत्यादिकमतक्यं तार्किकत्वं अर्ककरसंपर्ककर्कशगामिनोपि मनो न सान्त्वयति असपर्यायोपेतत्वादमीषामसद्विकल्पानाम्। यत् पुनः प्रसङ्गविप-(9)-र्ययमधिकृत्य वा (ए) काभिधानम् "स्तां वा तथापि न ताभ्यां शक्याशक्ययोरविवक्षित काल भेद एव विरोधः, साध्यते तथोपसंहर्तुं अशक्यत्वात्।"[6] यदा तदेत्युपेक्ष्य (10) यत्समर्थं तत् करोत्येवेत्युपसंहर्तुं शक्यमिति चेत् न काल नियमाविवक्षायां यत् समर्थं तत् करोत्येव कदाचिदिति स्यात्। तथा च सम्भव विधेरत्यन्ता-(2 A V, 1)-योगो विरुद्धः, न त्वयोगः नीलं सरोजं भवत्येवेति वत्[7] इति। तदपि अयोगोऽत्यन्तायोगव्यवच्छेदेनापि सर्वदा बीजस्य सत्वे सम्भवन्तु कर्तृत्वमित्यभिमतत्वात् मलिननलिन-(2)-निभं निभालनीयः।

1. हेतु बिन्दु पृ. 60
2. आ. त. वि. पृ. 38 प्र.
3. Ms. अनबोधात्।
4. Ms. शीतोष्णवत्।
5. Ms. दण्डिकुण्डलित्वम्।
6. आ. त. वि. नप्रथमः।
7. शा. त वि. पृ. 42

यच्चोक्तम्—"ननु यदसमथ (त्वं) प्रथममासीत्, तस्य पश्चादपि सामर्थ्यं कुत आगतम्। प्रथमं समर्थस्य वा पश्चात् तत्र गतं नैतदेवं तत्तत्सहकारिमतः (3)तत्कारकत्वं हि सामर्थ्यं, अतद्वतस्तदन्यवतो वा तदकर्तृत्वमसामर्थ्यमिदञ्चौत्पत्तिकमस्य रूपमिति।" तदपि सहकारिसापेक्षजननबीजविमर्शेन गतम्[1] 'ते च (4) सहकारिणः स्वोपसर्प्पणप्रत्ययवशाद्भिन्नकाला इत्यर्थात् कार्याणामपि भिन्नकालतेति तथाप्येककालस्थ एव भावो जातो नष्टस्तदा कार्यं करोतु उत्पन्नमा (5) त्रस्य तत्स्वभावत्वात्। एकदेशस्थवदिति चेत्— सेयमेककालता स्वरूपकालापेक्षया सहकारिसांनिध्यापेक्षया वा आद्ये न किञ्चिदनुपपन्नं (6) नित्यानामपि एवं रूपत्वात्, वर्तमानैकरूपत्वाद्भवानां तदेव तु क्वचित्सावधि क्वचिन्निरवधीति विशेषः। सावधित्वेपि व्यापारफलप्रवाहप्रकर्षाप्रक-(7)-र्षाभ्यां विशेषः। द्वितीयस्तु स्यादपि यदि तेषां यौगपद्यं भवेत्। क्रमिणस्तु सहकारिण इत्युक्तम्। सहकारिसहितः स्वभावेन करोतीति वक्तरि जा-(8)-त नष्ट एव करोतु इत्युत्तरप्रसङ्गो निरर्गलशैशवस्येत्यलमनेन। तस्मात्कार्यस्य स एव कालः कारणस्य सचान्यश्चेति सम्बन्धिकालापेक्षया पूर्वकालता व्यवहा-(9)-रः। एतदपि सहकारिसाकल्यविशेषणकरणनिराकरणादलीकं परिकल्पनमनल्पं शल्यचक्रसातभाजनम् देशभेदेन तु कर्तृत्वाकर्तृत्वमुपलब्धं-(2B V, 1)-आन्याक्षेपं उपयनात्महसितसहचरञ्च न विरोधत्वादि (2) सनमापन्नः।[2] तेनैव सहकारेण तस्यैव तदैव तथैव सम्बद्धत्वमसम्बद्धत्वं च पूर्वापरवेलायामनिश्चित "अस्तु तर्हि तस्यैव तेनैव सहकारिण सहसम्बन्धोऽसम्बन्धश्चेति (3) विरोधः न विकल्पानुपपत्तेः। तथाहि सम्बन्धिनः सम्बन्ध्यन्तरे स्वाभावस्वाभाव्यं वा विरुध्येत, अभाव प्रतियोगित्वं वा, तदैवेति सहितं वा, तत्रैवेति (4) सहितं वा, उभयसहितं वा, तथैवेति सहितं[3] वा? विकल्पक्रमेण (1) तदुद्धरणवक्तव्यञ्चाचक्षितमालोचनीयम्। (5) तथाहिशशशृंगस्य।

---

1. आ. त. वि. पृ. 43
   आ, त. वि. तदा 43 43-45 43-45-51
2. अक्षराणि विलुप्तानि, यत्र तत्र पत्राणि च त्रुटितानि।
   आ. त. वि. पृ. 51-52
3. पंक्तयश्चाक्षराणि विलुप्तानि।

ञ्च ये योग्यमयोग्यश्चापि जायते ॥
नित्यं योग्यस्वभावस्य तद्विकल्पविरोधतः ।
इति तद्योग्यतावाच्यः स्वभावोऽस्य निरुप्च्यताम् ।
विभागयोगजाति-(6)-भिः किमन्यैर्गमनादिभिः ।
तेषु सत्येपि तस्येति, सम्बन्धस्याप्रसिद्धितः ॥
युक्तः स्वभावभंदोऽयं तत्प्रतिक्षणजन्मिनाम् ।

इति न्यायात् यदि संसर्गयो-(7)-ग्यः स्वभावो वीजस्य निजो नापैति कदाचन तदा स्वाभावस्वभाववत्वमतृणहेतुं कथमुक्तं नान्यत् कर्म्म इति । शेषं तु फल्गुवर्जितं अनर्गलबालत्वस्येत्यादि (1) तमालोकस्य । अथ कादाचित्कं तद्रूपं तदेव निरूप्यतां निबन्धनं········दिपि यः किमधिकेनेति धूर्तत्वेन ।

'इति अन्वयमुखेन क्षणिकत्वानुमाननिराकृतस्य निराकरणम् ।'

व्यतिरेकभावादिनिर्णयः

द्वितीयोऽध्यायः

(2B-V-10) (10) प्रसंगदिपर्ययरहस्यं··पूर्वपर्यवस्थि (त)··विपक्षाद-क्षणिका न्यायावृत्तं प्राप्तं वर्णनम्। अधिकश्च[1] तत्राश्रयहेतुदृष्टान्तसि (2A-VI-1) (1) द्धौ-प्रमाणाभावः, अवस्तुनि प्रमाणाभाववृत्तेः, प्रमाण प्रवृत्तावलीकत्वानुपपत्तेः। एवं तर्हि अव्यवहारे स्ववचनविरोध इति चेत्-तत् किं स्ववचनविरोधेनतेषुप्रमाणमुपदर्शि-(2)-तं भवेत् व्यवहारनिषेधव्यवहारोपि खण्डितः स्यात्। अप्रामाणिको व्यवहारोऽवश्यं स्वीकर्त्तव्य इति वा भवेत्।

नाद्यः—नहि विरोधसहस्रेणापि स्थिरे तस्यक्रमादिविर-(3)-हे वा शशश्रृङ्गे वा प्रत्यक्षं अनुमानं वा उपदर्शयितुं शक्यं तथात्वे वा कृतं भौतकल-हेन। द्वितीयस्तु इष्यत एव प्रमाणिकैः। अवचनमेव तर्हि प्राप्तं किं कुर्मो यत्र वच-(4)-नं सर्वथैवानुपन्नं तत्रावचनमेव श्रेयः, त्वमपि परिभावय तावत्। निष्प्रामाणिकेऽर्थे मूकवावदूकयोः कतरः श्रेयान् प्रमाणिक इति।

एवं विदुषापि भवता न मूकीभूय (5) स्थितं अपितु व्यवहारः प्रतिषिद्ध एवासतीति चेत् सत्यं-यथा अप्रामाणिकः स्ववचनविरुद्धोऽर्थो मा प्रसाङ्क्षीदिति मन्यमानेन त्वयि योऽप्रामाणिक-(6)-एवासति व्यवहारः स्वीकृत-स्तथास्माभिरपि प्रमाणचिन्तायाँ अप्रामाणिको व्यवहारो मा प्रसाङ्क्षीदिति मन्यमानैरप्रामाणिक एव स्ववचनवि-(7)-रोधः स्वीक्रियते। यदि तूभयत्रापि भवान्समानदृष्टिः स्यादस्माभिरपि तदा न किञ्चिदुच्यत इति।" तृतीये त्वप्रमाणिकश्चाप्यवश्यस्वीकर्तव्यश्चेति कस्येयमाज्ञा इति[2] भवानेव (8) प्रष्टव्यः। व्यवहारस्य सुदृढ़निरूढ़त्वादिति चेत्—अप्रामाणिकश्च दृढ़निरूढ़-श्चेति व्याघातः। कथञ्चिदपि व्यवस्थितत्वादिति चेत्-अप्रामाणिक·(9) श्चेन्नकथञ्चिदपि व्यवतिष्ठते-प्रामाणिकादिवत्तदेवोच्यतामितिवादे व्यवस्था।

---

1. आ० त० वि० पृ० ५९-६२

2. आ० त० वि० पृ० ६२

एकमेव जल्पवितण्डयोस्तु प्रमाणप्रश्नमात्रव्यवस्यते स्ववचनव्याघातः । तत्र (10) प्रमाणेनोत्तरमशक्यम् च, अप्रमाणेन तूत्तरे स्ववचनेनैव भङ्गः, मदुक्तेषु प्रश्नादिषु प्रमाणं नास्तीति स्वयमेव स्वीकारात् अनुत्तरे तु अप्रति (2B-VI-1) भैवेति । यदि च व्यवहारस्वीकारे विरोधपरिहारः स्यात् असौ स्वीक्रियेतापि न त्वेवं-न खलु सकलव्यवहाराभाजनञ्च तन्निषेधभाजनं वेति परस्परम-विरोधि(तम्[1] (2) चेत्) इति **परेणोक्तं**[2] तदेतत्सकलमसङ्गतम्-स्ववाग्बाधा-बोधनया हि व्यापकानुपलम्भाश्रयाद्यसिद्धिमुद्भावयतोऽदोषोद्भावनं नाम निग्रहस्थानं उत्थाप्यते । (3) कथमिति चेत्-उच्यते ।

आश्रयदृष्टान्तादौ प्रमाणाभाव इति साध्यमध्यवसितम् । अवस्तुनि प्रमाणाप्रवृत्तेरिति हेतुरावेदितः । प्रमाणप्रवृत्तावलीकत्वानुप(4)पत्तेरिति स्वाभिप्रायेण उपपत्तिः प्रतिपादिता तथा चाश्रयेऽवष्टम्भकप्रतिपन्ने प्रमाणेन प्रमाणाप्रवृत्तिलक्षणधर्मस्य धर्मिधर्मत्वावरोधे च निष्प-(5)-न्ने कथं नाश्रया-द्यसिद्धिबोधः ।

अथ नास्त्येव असिद्ध्यादिदोष परप्रमाणस्याप्यसिद्धया साधनादौ न सन्निधानं लब्धव्यमित्यापातम् । तथा च तत्प्रमा(6)णमेवापवाददरिद्रत्वात् । ततश्च यत्त्वयादूषणमुक्तं तत्र दूषणमिति अदोषोद्भावनं नाम निग्रहस्थान-मतस्तयोरेकतरवादिनिराकरणान्ता पर्यवसान(7)मानीतैवकथेति किं परं निरर्थकविकल्पत्रयेण भवितव्यम् । तथा हि किं प्रमाणमुपदर्शितं भवेदिति प्रमाणमेवापदर्शितं निर्दोषता विस्फुरणात् स्वसाधनस्य परोक्ताव-(8)-द्यस्य स्ववचनविचलना भ्रान्तत्वात् । अव्यवहारप्रतिषेधव्यवहारखण्डनापि स्ववाग्बा-धितव्यवहारप्रतिषेधसन्निधानायका वस्तुधर्म्मिधर्मस्य च प्रमाणत्वात् प्रति-वादिनः न (9) च **व्यवहार**निषेधव्यवहारहेतुरपहस्तितो हस्ते'न्यरतश्च व्यवहारप्रतिषेधव्यवहार इति हृदयङ्गमं जनङ्गमस्यापि व्यापकानुपलम्भेन व्याप्याभावव्यवहारं व्यवहार-(2AVII-1)-तः सुदूरमपकृष्टप्रामाणिकव्यव-हारावश्यमङ्गीकरणम् ।

यत्पुनरुक्तं नहि विरोधसहस्त्रेणापीत्यादि तदपि स्ववचनविरोधानुरुद्धम-वधार्यम् । नित्येऽवस्तुनि प्रमाणमुपदर्शयितु-(2) मशक्यं प्रत्यक्षमनुमानमिति

---

1. आ० त० वि० पृ० ६४
2. उदयनेन

किं त्वया प्रतिपन्नं अप्रतिपन्नं वा । प्रतिपत्तिरपि किं प्रमाणेन अप्रमाणेन वा । प्रमाणेन प्रतिपत्त्रौ स्ववचनव्याघातः । अप्रमाणेन तु प्रतिपत्तिरप्रामा(3)णिकस्यैवेति महती विकृतिः । न चायं भौतकलह प्रमाणस्यव्यापकानुपलम्भस्य दर्शितत्वात् । द्वितीयस्त्विष्यत इति चान्तर्भूत्वा भासते जनः प्रामाणिकश्चेति अवस्तुनि व्यवहार-(4)-प्रतिषेधव्यवहारखण्डना कुतश्चेतिब्रुवन्तः एव विशिष्ट विषयव्यवहारप्रतिषेधव्यवहारखण्डेन।शब्देनैव तद्विषयप्रमाणाप्रवृत्या तद्विषयत्वमुक्तसाध्यस्य दुःसमाधानम् । अवस्तुनि (5) व्यवहारप्रतिषेधव्यवहारखण्डनाशब्दवाच्यव्यवहारप्रतिषेधव्यवहारप्रतिषेधसमाधाने वा स्ववाग्बाधा सन्निधानं आपद्यन्ते । प्रकृतवादनिधनावद्यकरमिति कृतार्थोऽनु-(6)-पलम्भवादी नियतव्यस्तत्वात् प्रतिवादिनः । 'किं कुर्मो यत्र वचनं सर्वथैवेत्यादि' यदुक्तं तदपि स्ववचनविरुद्धमनुरुद्धमनुबद्धं अनुप्रवर्तते । एतद्भयादभगतो वा किञ्चिदप्रतिभा-(7)-वानुभास्करप्रभावानाभिभवभूमिर्मव्यस्थापोति नितरां निस्तीर्णव्यसनान्तरोवादी । तथाहि व्यापकानुपलम्भे पुनः समुत्थाप्यन्ते प्रतिवादिनी दूषणा दुष्करेऽभाषणभावभाजिभूते पराज-(8)-यभूमिरप्रतिभा भावतः प्रभेवभास्वतःसाधुजननिवेशितं साधनं प्रसाधनमेवोद्योतयतीति लब्ध एव कथावधिः ।

स्ववागाबाधतो विभ्यत् बिभ्यच्च प्रतिभाक्षयात् ।
अब्रुवन् अविब्रुवन्(9)वापि वादी भवति भर्त्सितः ।।[1]

यत्पुनः स्वभाषाभङ्गिभिरसङ्गताभिरङ्गीकरोति व्यवहारं न चोक्तावद्यं श्रुतिसभ्यः प्रस्पन्दं गिरामित्युद्भणति । सत्यं यथाऽप्रामाणिकः स्ववचनवि(10)रुद्धोऽर्थं' इत्यादि तदपि शून्यसंशनं प्रंसनापात्रम् । स्ववचनविरोधविरुद्धतयैव नातिप्रसक्तो व्यवहारप्रतिषेधव्यवहारः न पुनः स तथाभूतो मा भूदित्ययं (2BVII-1)व्यवहारोऽस्माकमनुमतः किन्तर्हि तद्व्यापकविरहात् व्याप्यविरहो विभागतः प्रमाणानुगतश्च व्याप्यव्यापकभावस्वप्रमाणसिद्धत्वात् तद्विरहितस्य

---

1. C. R. K.
"नह्यब्रुबन परंबोधयितुमीशः । ब्रुवन् वा
दोषमिमं परिहर्तुमिति महति संकटे प्रवेशः ।।
र० की० नि० पृ० ८८

चावस्तुसतो धर्म्मिणः प्रतिपन्नत्वात् (2) असतोऽत्यधिकरणादिविवक्षारूढ़-कारककलासंक्रान्तकलेवरत्वात्कथमपरथा स्थूलस्खलितस्ववचनबाधावारुद्धा वृथा न्यायविन्मानिनो नैयायिकाः स्ववचनबाधेहि स्ववचनंप्रमाणं बाधकं ढौकि-तम् । अतः कथमयमप्रामाणिकः कथित इति श्लथय शून्यग्रन्थिग्रन्थनार्थित्वम् । तथा च अप्रामाणिकः स्ववचनबाधोऽभ्युपगम्ययमानोपि त्वया स्ववाग्बाधत्वं न जहाति नानुमानं [1]प्रमाणमिति-(4)-वित् यदि त्वभ्युपगमादेवादोषत्वमेव-मन्यत्रापि अस्तु अवस्तुविषयेऽसिद्धत्वमभ्युपगच्छाम इति वयमपि वदिष्यामः उत्पत्त्यापि जल्पवितण्डेऽपि कथ्यत इति तत्पक्षापेक्षया (5) विवक्षितादोषः क्षिप्यते ।

पक्षादिषुप्रमाणप्रश्नमात्रप्रवृत्तस्येत्यादि,

प्रमाणं पृच्छता तेन जल्पकेन **जयात्मना ।**
अवस्त्वाचारसमारब्धं पृष्टं तच्च न सिद्ध्यति ॥
विकल्पेन तु तत्सिद्धौ (6) **प्रश्नप्रणयणे कृते ।**
कृतावकाशो हेतुःस्यात् मौलः साधुः विजृम्भितः ॥

अवस्तुधर्मी कुतः प्रमाणात् प्रसिद्धमिति ब्रुवन्नेव अवस्तुधर्मिनिष्ठप्रमाण-प्रश्नः तदसिद्धौ प्रमाणतः (7) प्राप्तानवकाशः काशतललवलघीयानिति कथं न स्ववचनप्रतिहतः । तथाहि विशेषविषयप्रमाणप्रश्नात् विशेषः सिद्धः तदसिद्धौ तद्विषयविमर्शायोगात् । सिद्ध्यभ्युपगमेवा ये-(8)-नैव वचसा परमचरोघ्वम-धुरस्तेनैव स्वपक्षं क्षिणोतीति क्षीणः कथंजल्पवितण्डयोरपि स्ववचनव्याघातः ।

तदेवं बौद्धेन व्यापकानुपलम्भे व्याप्याभावार्थमुपन्यस्ते कस्या-(9)मपि स्व-वाग्जर्जरित् जयो जायते । न भाषते चेत् अप्रतिभा भूरिभूमिमाभजतीति कृतं कायव्रतेन सबिनैव न्यायेन अवस्त्वपि धर्मिस्वानुरूपध-(10)-र्मापेक्षया स्वानुरूप-निरूपणनिष्ठितनिःशेषनिजधर्मविषय इति अभ्युपगम्यताम् । अयं सभ्याः (2AVIII-1) तथाहि जीवति शरीरे क्षेत्रज्ञ संज्ञा उपमेयमेयज्ञापनाङ्ग प्रामाणादिमत्वं न्यस्तम् । केवलव्यतिरेककीर्तितविक्रमः श्रावणत्वसमं

---

1. Cf. नानुमानं प्रमाणंचेद् विफला व्याहृतिस्तव ।
नकश्चिदपि वादो हि विवक्षां प्रतिपद्यते ।
त० सं० १४८०

माभूदिति सपक्षेतर स्यादेव व्यावृत्तमिति वर्णनीयतासपक्षे(2)-सत्वमस्यापद्यतेति मृषोद्यं विद्योतेत । केवलव्यतिरेकत्वमस्येति प्रमुषितमनःपरितोषतया सपक्षस्याविद्यमानत्वात् । तस्मिन्नस्य सत्त्वमशस्तमुपन्यस्तमपहस्तनीयमिति चे-(3)-तयमानः ।

किं सद्भाव भंगेनासद्भूते प्राणादिमत्त्वस्य सपक्षे सद्भावविपक्षं लक्षयति न चेत्तर्हि सद्भावासद्भावनिषेधव्यवहारोपि निषेधव्यवहार एवेति निवृत्तिः किं निषिध्यते । प्रा-(4)-णादिमत्त्वं सपक्षस्य विद्यमानत्वात् । न निवृत्तमपादानत्वस्याभावादिति । स एष व्यवहारो नैयायिकस्य व्यतिरेकिहेतुप्रतिहतिप्रत्यूहननिदानो दीप्यते । न बौद्धप्रारब्धविरोधानुरोधा—(5)—दनुबद्ध इति भण गुणमयमनोहरनीतिं प्रमाणप्रहरणस्य काञ्चित् । यया सपक्षो विक्षोभितविपक्षप्रसरः प्रेक्ष्यैरूपलक्ष्यते सिद्धधर्मितया तदाश्रितश्चायमविद्यमा-(6) नत्त्वं नाम पक्षधर्मताध्यस्तं स्यात् । स्याच्चास्याप्यन्वयाद्यनुशरणमणीयसाऽप्यंशित्वरमणीयं यदविद्यमानं न तच्छक्तिसमाख्यातकारनिबन्धनसुवर्णादिपदप्रासाद-(7)धवलदक्षम्, तद्यथान्तरिक्षबलक्षजलजजालम् । अकालजलधरधीरध्वानं नेदानीं न्यायनीतिनिपुणप्रसाध्यमारब्धप्रमेयबोधोपायमनपायमापदेषाऽभावप्रमेयदर्शमु—(8)—त्कर्षितरोषा परापतति । अस्मादविस्मयवेश्माप्रविश्य प्रगुणोपायं मानप्रतिपीपदः प्रसाधकं प्रमाणमभावप्रमेयस्य विकल्पमनल्पाभावव्यवहारपरिभावितसाम-(9)र्थ्यमनर्थककदर्थनं कथाकथाच्छादनेन किं तरयति प्रस्तुतव्यतिरेकक्रमम् ।

यातानयातो मार्गोऽयं हेतुकानामनेकधा ।
सुधामोहव्यपोहेन देहास्येह समीक्षता ।
ईर्ष्यारो-(10)षकथापक्षे प्रेक्षप्राक्षालनक्षमः ।
क्षणक्षप्यत्वसत्पक्षे विपक्षस्त्वेष लक्ष्यताम् ॥

एवं प्रमेयत्वमपि सकलकालकलापव्यापिस्वभावं शाश्वतत्वमनुसंधाय (साध्य सा) (∠ B ; VIII, 1) धनो धर्मिणि केवलान्वयमनुमन्यमानं अमुना (न्यायेन) ना (न) येन निर्व्वहति ।

ननु चाधुना पि न धुनाति वाक्यं स्वपरपरामर्शसाम्यमसपक्षन्यायस्य न्यासे विशेषणं मनसि ह प्राप्तकालमबा(2)लस्य प्रमाणव्यापारस्पर्शनेन तत्र कमभाणीत् गुणीगुणः बहुबाधाविधोपि तर्कोपनिषदनवद्यविद्याचार्यकीर्ति-(धर्मकीर्ति) कीर्तितप्रमाणव्यापारपरिपालनमिह निदानं मुदः प्रामाणिकम्

(3) अस्ति च अभावविभावनाविभुः प्रभुतप्रमाणव्यापारः पीरस्फुटा-पि पटुभिरपि नारटितः प्रत्यर्थिजनाभ्यर्थनया निःप्रमथनं कथ्यते ।

रूपाभावादभावस्य शब्दोरूपाभिधायिनः । (4)
न शक्या एव सिद्धास्ते व्यवच्छेदस्य वाचकाः ।।[1]

अभावप्रमाणवेद्योऽभाव इति [2]**भट्टभाव**मभिभूय विशेषणविशेष्यभाव-भावसन्निकृष्टाभावमक्षजप्रत्यय-(5)-प्रत्याज्यं तच्चा**स्याक्षपा[3] दमतम्** । तत्परिच्छिनत्ति ततोऽन्यद्व्यवच्छिनत्ति तृतीयप्रकाराभावञ्च सूचयतीत्येक-प्रमाणव्यापार एष इति **नरसिंह[4] सिंहा**सनारूढ़ प्रौ-(6)-ढप्रामाणिकचक्रचूडा-मणिवचनरत्नं यत्सतः श्रूयताम् ।

अत्र हि प्रसङ्गविपर्ययनिर्वाहिण पूर्वापरावस्थयोर्व्यवस्थापितो वस्तुभेदः स एवानित्यता शब्दबाच्यता (7) तथा च स्वभावादवस्थ्यमनित्यतां ब्रूम इति वचनम् । स चान्तरं प्रागभावं प्रध्वंसं च सामाख्यातो वस्तुभेदः प्रसिद्ध्यति येन प्रमाणेन क्षणपर्यवसानभजनभावेन क्षण-(8)-भङ्गभाषया भणितः तेनैव तद्विपरीतमपि नित्यत्वमक्षणिकत्वं च सिद्धिपद्धतिमध्यारूढं जायते । तस्य परिच्छिद्यमानादनर्थान्तरत्वे तत्त्वेन विलोकने स्यादत-(9)-त्वे ततः पृथग-वस्थानव्यवस्थानममुनैव प्रमाणेन परिच्छिन्दता तृतीयप्रकारापकारश्च कलितः । तत्पुनः प्रमाणमाचार्यपादैर्दर्शितम् । अन्त्यक्षणदर्शि-(3 A I, 1) नां निश्चयादिति प्रत्यक्षम् । तथा—

क्वचित्तदपरिज्ञानं सदृशापरसंभवात् ।
भ्रान्तेरपश्यतो भेदं मायागोलकभेदवत् ।।
तथा ह्यलिङ्गमाबालमसंश्लिष्टोत्तरोदयम् ।
पश्यन् परिच्छिनत्त्येव दीपादिनाशिनं जनः ।।[5]

तथा सर्वं हि प्रदेशमर्थान्तरं अध्वानविविक्तमुपलब्धवतः स येन येन असारेण तदसारणतां ततो भेदमभिलपन्ती स्मृतिरुत्पन्ना प्रत्यक्षबलेनेत्या-

---

1. प्र० वा० 3/185,
2. मीमांसकः
3. वैशेषिकः
4. नैयायिक
5. प्र० वा० 2/104-105

(3)-दिना तत्र तत्र सशून्यं वचः तदिहापि नित्यत्वमनित्यताग्राहिप्रमाणेन स्वप्रमेयाद्बहिर्भावविभागिस्मरणजननद्वारेण आत्मव्यापारं व्यवहारतथताऽवतारितनिश्चयं विपश्चितः प-(4)-रितः परितोषयतो यथा सलिलं सलिलजस्य निदानमदीनमानसेन प्रमाणसनाथेन स्थापयित्वा सलिलसरोजबीजस्वभावमबिभ्रतोऽभूतो न भ्राजते भावतो भावो वारिजन्ये (5)-ति कारणाभावेन कार्यमसदिति प्रतिपिपादयिषा परवशस्याकाशदेशे पि य शब्दप्रयोगो रोगमिव भावमस्पृशन् अभावाभिधायी नाशङ्क्य एव सद्भावविभावकृत्-(6)-न चाप्रमाणपूर्वकः स्वयमप्रमाणमपि स्मरणसमर्थितपदार्थसार्थवदयमपिप्रमाणप्रणीत एवाङ्गीकरणीयः। तथा सुप्रसूतः स्वन्नरुन्न-(7)-तनीतिनिम्नेनाम्नातो येनैव मानेन मनस्विना सता तेनैव बन्ध्यासूनुशब्दो विनिवेशितः नाशंका तङ्केन तर्कते भाववचनोपमिति बलाबलम्बीव्यवहा-(8)-रोऽम्बुदसंवृतदिगन्तरे वा पि प्रमाणयितव्यो नामान्यथा प्रस्थानं परिपन्थिविधिरूपेण तु प्रमाणप्रणयानुसरणकारणकोऽयमकाण्डचण्डः कोलाहलो (9) लोकालोकमाक्रमतीति किमत्र कुर्मः।

तदेव,

नित्यं नास्ति न वा प्रतीतिविषयं तेनाश्रयासिद्धता,
हेतोः स्वानुभवस्य चाक्षतिरतः क्षिप्तः स्वपक्षोऽपि च।
शून्यं च द्वितयेन सिध्यति न वा (10) सत्तापि सत्ता यथा,
नो नित्येन विरोधसिद्धिरसता शक्या क्रमादेरपि ॥[1]

इति दोष संग्रहः।

अत्रामी एवं पर्यननुज्यन्ते,

धर्मस्य कस्यचिदवस्तुनि मानसिद्धा,
बाधा विधिव्यव(3 B I, 11)हृतिः किमिहास्ति नो वा।
क्वाप्यस्ति चेत्कथमियन्ति न दूषणानि,
नास्त्येव चेत् स्ववचनप्रतिरोधसिद्धिः ॥[2]
तस्माद्वैधर्म्यदृष्टान्ते नेष्टो-(2)ऽवश्यमिहाश्रयः।

1. ज्ञानश्रीमित्र नि० पृ० 89.
2. तत्रैव ज्ञा० मि० नि० पृ० 89.

तदभावे च तन्नेति वचनादपि तद्गतिः ॥[1]
तत्तु अनादि वासनोद्भूतविकल्पपरिनिष्ठतः[2] ।
शब्दार्थस्त्रिविधो धर्मो भावाभावोभयाश्रयः
तस्मिन्भावा(4)नुपादाने साध्ये ऽस्यानुपलम्भनम् ॥[3]
तथा हेतुर्न तस्यैवाभावः शब्दप्रयोगतः

असंख्यातो हि विषयः सर्वभावधर्म्मनिवृत्तीनां व्यवहारायाभावानुरूपधर्म-वि-(4)-धीनां सर्वोपारव्याविरहलक्षणाभावो भावयितव्यो यथोक्तप्रक्रम-प्रसाधितसमस्तप्रमाणव्यापारतया प्रमाणिकजनसमाश्वासविश्वम्भराभूतः तथा (5) न सपक्षोऽसपक्षः ततोऽन्यस्तद्विरुद्धस्तदभावश्चेत्यपि परमसुतराम-नया रीत्यागतमानुषङ्गिकम् । प्रस्तुते पुनरुपदिशामः ।

यदि च व्यावहारस्वीकारे विरोधो परिहारः स्यात् (असौ स्वीक्रियेतापि, न त्वेवम्), न खलु सकलव्यवहाराभाजनञ्च तन्निषेधव्यवहारभाजनञ्चेति वचनं परस्परमविरोधीति[4],—यदुक्तं तद्बालेनापि दुरभिल(7)पम् । अभावो हि धर्मी स्वानुरूपप्रमाणव्यापारानुसारी स्यात्ते प्रत्ययप्रतिष्ठापितः स्वस्मिन्न-संभाविना च भावधर्मेण विमुह्यमानो व्यापकानुपलम्भेन सम्भा-(8) वितः । तत्किमुच्यते न खलु सकलव्यवहाराभाजनञ्चेत्यादि अवस्तुनोऽवस्तुसमुचितधर्म-विधिव्यवहारगोचरतयापीष्यत[5] एवेति नाभ्युपगण एव दो-(9)-षायेति शेष प्रबन्धोऽपि निःसारतयाऽदम्भारम्भास्तम्भसम्भावनां बिभर्ति । बन्ध्यासुत-शब्देन च स्वभाव एवोच्यत इत्युक्तम् । ततस्तदनुबन्धने प्रबन्धो वन्ध्य(10)त्वं प्रतिसंविधातव्यम् । यत्पुनरुक्तम् किं वक्तृत्वविविक्तस्यावस्तुनो नियमेनो पालम्भात् । आहोस्विद्वस्तु तद्विविक्तस्या-(वक्तृत्वस्य)-नुपलम्भादिति[6] तदपि पातयित्वा वसुंतत (3 A II, 1) वदनातीतमितिवत् भौतवचनस्वरुचिगो-चरः । चराचरविपश्चितामिति चिरं चिन्तनीयं चेतनेन । तथाहि नियत-

1. प्र० वा० 3/26
2. तत्रैव 205,206,207.
3. आ० त० नि० पृ० 63.
4. तत्रैव पृ० 65
5. तत्रैव पृ० 67

रूपात् भवभावितभावाभावविधिप्रतिषेधविकल्पप्रमाणव्या(2)पारपरिचया-द्यथा पर्यन्वसितं तथा स्थापितमेव प्रागिति सुस्थता भावतैव स्थेया । तस्मात् प्रमाणमेव सीमा विधिप्रतिषेधाव्यवसायनियमस्येत्युपसंहारो भाव-(3)-त्कः सर्वस्मै स्वदते निर्व्यूढश्च यः पुनर्विकल्पमात्रमादाय असत्ख्यातिरन्यथाख्याति रितिवा विचारप्रक्रम वसोऽपि, न प्रकृतानुरूपः नियतानुभवो हि विक-(4) ल्पानां प्रवर्तयिता ।

सुखदुःखादिभेदश्च तेषामेव विशेषतः ।

तस्या एव यथाबुद्धेर्मान्द्यपाटवसंश्रयाः[1] ॥

इति त्वयादविद्यानुभववासनासनाथविकल्पजालम(5) नाहतमूलमिति । न च तावतैव वासनात एव निखिललीलादिजननमस्त्विति स्वस्थं मनसो वचनमुचितम्, ज्ञानजो ज्ञानहेतुश्च वासनेति, अर्थजो (6)ऽर्थहेतुश्चेत्युपलक्षणात् किन्नाख्यायते । अथ प्रसाधकप्रमाणसम्भवादित्युत्तरमत्रापि समानम् । प्रमाणस्तु न पञ्जरितभावाभावविकल्पजाल-(7)-मनलसाः पश्यन्तः शब्दयोनिः विकल्पो विकल्पयोनिश्च शब्द इति संकेतव्यवहारकालमिलिता-नाविलविकल्पजालदुर्जटितविधिप्रतिषेधवद्धचक्षुबन्धुत्वा(8)स्त (त्त) त्वानु-सारिणः सर्वे परिनिर्वृताः किमपरं परामर्शप्रसरस्ते तनिष्यति ।

एक प्रत्यवमर्शाख्ये ज्ञाने एकत्र हि स्थितः[2] ॥

प्रपत्ता तदतद्धेतूर्थान् विभजते स्वयम् (9)

तद्बुद्धिवर्तिनो भावान् भातो हेतुतया धियः[3] ॥

अहेतुरूपविकलानेकरूपानिव स्वयम् ।

भेदेन प्रति पचेतेत्युक्तिर्भेदे नियुज्यते[4] ॥

इति सकल पुरोक्तावद्य प्र-(10)-च्छादनपूर्वकसङ्केतकरणन्यायः । एक-प्रत्यवमूलजनननिदानमपि दर्शितः ।

एक प्रत्यवमर्शार्थज्ञानाद्येकार्थसाधने ।

भेदेऽपि नियताः केचित् (3B II, 1) स्वभावेनेन्द्रियादिवत्[5] ॥

---

1. प्र० वा० 2/254
2. प्र. वा. 3/119,120,121
3. प्रतिपत्ता — पाठा०
4. प्रतिमाभानो ।
5. प्र. वा. 3/73

इत्येतेन प्रतिसन्धानमपि सबाह्याभ्यन्तरभावयोरतद्व्यावृत्तैकार्थक्रियाकारित्वलक्षणैकत्वविषयं तदेवं बन्ध्यासुतशब्देनात्यन्ताभाव उच्यते । (2) तत्प्रोक्तन्यायसमानत्वात् ।

शिरसोऽवयवा निम्ना वृद्धिकाठिन्यवर्जिताः ।
शशशृंगादिरूपेण सोऽत्यन्ताभाव इष्यते[1] ॥

तद्वदिदमपि वदितव्यम् —

वन्ध्याया उदरं निम्नं वृद्धि-(3)-काठिन्यवर्जितम् ।
बन्ध्यासुतादिरूपेण सोऽत्यन्ताभाव उच्यते ॥
यादृश्यभाववादेन तादृशीवासनावशात् ।
बुद्धिरुत्पद्यते तत्र नान्योऽस्याप्रतीतता ॥

यादृशी धीमुषी परमा (4)र्थस्तदभाववादे तादृशी चेदाकारविशेषशालिनी, अविद्यानुभववासनावादे तदा स्वस्वभावमध्यमग्नतया परस्परपरिचयच्युतिचर्चा चारूच्चार्यते । प्रतिनियतत्वारू-(5)-पत्वादेव चाभावाकार निश्चयस्य व्यवहाराङ्गता । यथा संसारः तथा न तदभावलक्षणो मोक्षः प्रणिधाता सातानुभवनभवनमिति भव्यव्यवहारिणां प-(6)-द्धतिरनुरुध्यताम् ।

यच्चोक्तम्—घटस्तावत्स्वाभावविरहस्वभावः प्रमाणसिद्धताद्रूप्येण कदाचिदप्यनुपलम्भात् । एतावतैव तदभावोऽपि घटविरहरूपः सिद्ध इति (7) चेत न घटाभावस्य तदभावविरहस्वभावत्वानभ्युपगमात् । न चान्यस्वभावे[2]प्रमाणगोचरे तदन्योपि सिद्धः स्यादतिप्रसङ्गात् । एवं भूतावेव घटतदभावौ (8) यदेकस्य परिच्छित्तिरेवापरस्य व्यवच्छित्तिरितिचेत । न चान्यस्य स्वभावे घटवत् घटाभावस्यापि प्रामाणिकत्वानभ्युपगमे स्वभावादनवकाशात् प्रमाणसिद्धेवहि (9) स्वाभावावलम्बनं न तु स्वभाववादावलम्बने नैव वस्तुस्थितिरिति भवतामेवायं तत्र तत्र जयदुन्दुभिरिति तदपि भग्नग्रहवादिमुखसुखवादनं भवतो न ते (3 A III, 1) स्वभावालम्बनमवलम्बनवासिनाप्येतत्कृतम् घटः परिच्छेतव्यो

1. मी. श्लो. अ. 4
2. आ. त. वि. पृ. 79-80

न वा आद्ये सावधारणोऽन्यथा वा, घट एवायं नान्यथा स्थापनीय इति चेत्परिच्छेदः तर्हि कर्षित एव प्रमाणद्वयावेगः (2) अथ न तथा तथापि घटः परिच्छिन्नो पट इति तदर्थी नोपसर्प्येदन्तिकमस्य न किम् । तदुक्तं न ह्ययमनलं पश्यन् अनलमेव पश्यति । इति कथं येन सलिलार्थी तत्र न प्रवर्तेते[1] त्यादि । तस्मात्प्रति-(3)-नियतपदार्थानुभव एवान्वयव्यतिरेककल्पनस्य बीजमित्युच्यते । न तु स्वभावालम्बनव्यवधिबोधानुरोधः ।

एकोपलम्भानुभवादिदं नोपलभे इति ।
बुद्धेरुपलभे वेति (4) कल्पिकायाः समुद्भवः ।।[2]
एषैव तत्र सामग्री यदुतैकोपलम्भनात् ।
अन्ययव्यतिरेकाभ्यां विकल्पयुगलं भवेत् ।।
दृष्टत्वादेवमेवेति निःशंकित समाधयः ।
परोक्तिवितथालापैर्न (5) शक्यन्तेऽपबाधितुम् ।।

घटवदभावेऽपि स्वेन रूपेण विधिर्नास्तीति भणितो नाभावः स्यादपि तु परस्पराभाववान् । भाव एवेति । भाव परस्पराभावभङ्गं वा भवति वि-(6) श्वम्भरासम्भाव्ये वेति । भवत एव दृष्ट्या निष्टङ्कितमिदमनुमतमस्माकम् । यादृशस्तु परस्परप्रतिषेधस्वभावस्तादृशो भावग्राहिणैष भावं नियमवन्तं भावयता (7) प्रतीत एवेति किमत्र छद्मनेति भणामः कल्पनानिर्णीतमेव त्रैरूप्यमित्यपि पापीयः व्याप्त्यादौ तृतीयप्रकाराभावविरोधसाधकप्रसङ्गादेः प्रमाणस्य प्रणीतत्वात् । (8) न केवलकल्पनोपालम्भत्रयमभ्यस्तसभ्यनीतेर्जनस्य तस्मात्प्रमाणमूलाकल्पनापि स्मरणवत्सम्यग्लिङ्गरूपाणां पर्याप्ता । अलमफलमूलाकल्पनाभिस्तस्मात्प्र-(8)-माणोपपन्नरूपचयत्वात् स्थितमेतत् ।

'असन्तोऽक्षणिकाः सर्वेक्रमाक्रमविरोधतः' ।
अर्थक्रियासमर्थन्तु यत् तदेव परमार्थ सत् ।
'अर्थ क्रियासमर्थं यत् तदत्र परमा (10) र्थसत्[3] ।'

यतश्चार्थक्रियासमर्थं यत् तस्मादक्षणिको असन्तः (असम्मतः) । अर्थक्रियायां क्रमयौगपद्यविरोधात् । तदेवं क्रमयौगपद्याभाव एव बाधकं प्रमाण-

---

1. हे. वि. पृ. 66
2. प्र. वा. 4,270
3. प्र. वा. 2/3

मुपदर्शितम् (३ B III-1) विनाशस्य स्वपरहेतुत्वं परिकरबन्ध एव ऐतेनै-तदपिनिराकृतम् ।

यदुक्तमनेन अस्तु,[1] तर्हि ध्रुवभागित्वेन विनाशस्याहेतु कत्वसिद्धे क्षणभङ्गः न विकल्पानुपपत्तेः । तद्धि तादात्म्यं वा(2) निरुपाख्यत्वं वा तत्कार्यत्वं वा अभावत्वमेवेति वा स्थिता विकल्पा निषेध्यनिषेधकयोरेकत्वानुपपत्तेः। नाद्यः—उपपत्तौ वा विश्वस्य वैश्वरूप्यानुपपत्तेः ।

ननु कालान्तरे (3)ऽर्थक्रियां प्रत्यशक्तिरेवास्य, नास्तिता सा च कालान्तरे समर्थेतरत्वभावत्वमेवेति चेत्—नन्वयमेव क्षणभङ्गः तथा चासिद्धमेवासिद्धेन साधयतः कस्ते प्रतिमल्लः । अपि च देशा-(4)-न्तरकालान्तरानुषङ्गिण्यस्य नास्तिता यद्ययमेव नूनमनक्षरमिदमुक्तम्, 'यदयमेव देशान्तरकालन्तरा-नुषङ्गीति । यदि वा स्वदेशकालवत् कालान्तरदेशान्तरयोरपि नास्तितान-(5) नुषंगेऽस्तित्वप्रसंगः । अशक्तेः कथमस्तु शक्तेः सत्तालक्षणत्वादिति चेत्—अथ किं कालान्तरकार्यं प्रति स्वकालेऽशक्तिरसत्त्वम् । किंवा स्वकार्यमपि प्रतिकाला-न्तरेऽशक्तिरसत्व-(6)-माद्ये स्वकालेऽप्यसत्वप्रसंगः तदानीमपि तस्य ताद्रूप्यात् । कालान्तरकार्यंप्रत्येवमेतदिति चेत् किमयं मन्त्रपाठः, नहि यो यत्राशक्त. स तदपे (7) क्षया नास्तीति व्यवह्रियते । न हि रासभापेक्षया धूमो जगति नास्तीति तत्कस्य हेतोः । नह्यशक्तस्य स्वरूपं निवर्तते इति । द्वितीये तु कालान्तराधारा शक्तिः वा नाऽशक्तिः (8) कथं तदात्मिका । तदाधारा चेत् तदैवासत्वप्रसंगः इत्यादि फलविकलकलहकलाकठोरकोलाहलविलसितम्, हालिकस्यापि हास्यहेतुरूपहासितं स्वमहिममह(9)-नीयनीतिनिखिलनिष्ठेव अक्षिक्षणकणकुलिनममन्दरविस्पन्दसुन्दरगिरां गीर्वाणगुरुगरिम्नामाचार्याणा-माकर्ण्य वर्तनम् । विनाशकारणविचारणायां तथा(10) हि—

सदसत्पक्षभेदेन शब्दार्थानपवादिभिः ॥[2]
वस्त्वेव चिन्त्यते ह्यत्र प्रतिबद्धः फलोदयः (3A IV-1)
अर्थक्रियासमर्थस्य विचारैः, किं तदर्थिनाम् [3] ॥
षण्ढस्य रूपवैरूप्ये कामिन्या किं परीक्षया ॥[4]

---

1. आ. त. वि. पृ. 88
2. आ. त. वि. पृ. 85-88
3. प्र. वा. 4/270,211

स हि भावोऽभावोवा शब्दार्थः पुरुषार्थं यदि किञ्चिदुपरुणद्धि समादधाति वा यथाभिनि-(2)-वेशं तत्त्वात् । तदा तदात्वसमीहितसम्पादनाहेतुताऽभ्यूहे समीहमानः समानः तद्वस्त्वधिष्ठानीकरोति वितानचक्रचलनपरिश्रमस्य । अत्रायं नः पदार्थः (3) प्रतिबद्ध इति ततः प्रस्तुतेऽपि वस्तुनिस्वहस्तस्थापितं न्यायी विहस्तो वहिस्तोकगोपालादितः । को नाम न्यायन्यासमीदृशमनलसः समाश्रयते । स्वहेतुत एव ते निमीलितविनश्वरस्वभावो भावः प्रतिनियतकालायोगजफलितः प्रथमवंशप्रभवप्रभाववन्मुद्गरगुरुप्रहारानेहसि घटकोटिशकपालपटलमपहाय विलोचनविचयेनापि (5) निरूपयता विनाशनाम्नोऽर्थस्यावलोकनात् तथा च ।

दृष्टस्तावदयं घटः परिपतन् दृष्टस्तथा मुद्गरो,
दृष्टाकर्पटसंहतिः परमतोऽभावो (6) न दृष्टोऽपरः ।
तेनाऽभाव इति श्रुतिः क्व निहिता किं वात्र तत्कारणम्,
स्वाधीना परिघस्य केवलमियं दृष्टा कपालावलिः ।।[1]

अदृष्टमेव च निषेधकं मनमशनस्वभावम-(7)-परं परामृश्य निषेध्यमपि अव्यवसाय घटपटपर्णवाख्यमपरत्वेन व्यवतिष्ठमानमाह निषेध्यनिषेधकयोरेकत्वानुपपत्तेरिति । नहि बिनाशे कोटिशकलशक-(8)-पालवलयव्यतिरेकिणि विनाशकहेतुप्रहतजन्मनि निषेधकत्वसुपथं तेन वा विघटनं घट-पट पर्णवादे······प्रत्यक्षीकारितं येन तन्निषेध्यं ततश्च भेदोप-(9)-लब्धेर्लब्धव्यो न चानयोरैक्यं विचारक्रूरक्रकचकर्तितं यर्त्तहि युक्तितुलाभलतादिकं सकललोकलोचनालोचितस्वस्वभावव्यवस्थितयाऽतिपरस्परस्मिन्नानुप्र -(10)- विष्टमिति भेद उपपत्तौ विश्वस्य वैश्वरूप्यापलापप्रसवप्रसङ्गः, प्रमाणसंसर्गमङ्गीकृतवतः तद्विपर्यये कथं बाधकः (3 B 4, 1)

सर्वे भावाः स्वभावेन स्वस्वभावव्यवस्थितेः ।
स्वभावपरभावाभ्यां यस्माद्व्यावृत्तिभागिनः ।
तस्माद्यतो यतोर्थानां व्यावृत्तिस्तन्निबन्धनाः
जातिभेदा प्रकल्प्यन्ते तद्विशेषावगाहिना[2] ।। (2)

इति न्यायेन स्वहेतोः स्वरूपमेव हि परस्माःदन्यरूपमुत्पत्तिमासन्नं आत्मानुरूपप्रतिभासमुत्पादितस्वपरविषयविषयविधिप्रतिषेधस्मार्त[3]विकल्पद्वयदर्शितवशं

1. ज्ञान श्री मि. नि. पृ० 107
2. प्र. वा. 3/42·43.
3. ज्ञा. मि. नि. पृ. 128 और 130

दल-(3)-पति दृढदर्प्पमपि समप्यैत प्रसङ्गम् । ''यथा शर्करानयाग्नि-वलयनर्म्मनर्म्मदादिकं हि निहितजननिबंधनाधीननिवेशवेशमशेषस्य श्लेषयति हृदये परस्परा-(4)-संकीर्णमर्णवान्तमात्मानमभावनामानमपहस्त्यापि स्वरूपप्रतिभासप्रभावात् तद्वदिदमपि यदि प्रतिपादयति। प्रतिकालकलम वाप्ता निःसं(5)-संसर्गसंसर्गः स्वर्गार्गलगोवर्गादिकवस्तुस्वनिदानदत्त-दशावधिविभ्रतावधिभावस्वभावसम्बन्धं विपरीतासम्बन्धभारभुवंभवन्तं हन्त तदा का ते हानिः (6) शुभश्रियः तदिदमायातम् :—

भावैः स्वभावसंसिद्धा पृथगात्मव्यवस्थितिः ।
स्वीकृतैरपरं पीडा वादिनां महती हृदि ।

विनश्यतीति विनाशः कर्तरि बहुलं (7) वचनात् घञ् कृत्वाह तत् हेत्वन्तरो जननहेतुसमुत्पत्तितः विनश्वरत्वः पदार्थः प्रज्ञप्यते । विनशनं विनाश इत्यभिसन्धाय पुनरसमर्थसमासं समावेशय-(8)-ति । न भावो भवतीत्युक्तम-भावो भवतीत्यपीत्यादिना क्रियाप्रतिषेधमात्रं क्रिया इति तथैव प्रमाण प्रवृत्तेः । अस्त्वयं आयुष्मान् । भावः[1] । ध्वंसेन विध्वस्तसमस्तार्थ-(9)-क्रिया इत्यवोचद्वाचस्पतिः स एवानर्थन्यायस्य न्यायस्य व्याख्याता आख्यातव्यः किमीदृशमाख्या तव आसीत् ।

ध्वंसो व-(3A II, 1) स्तुविधेर्बलात् परिघवत् यद्वा यथा शर्करा,
भावोऽसौ तदवस्थ एव तु न यत्किञ्चित्करास्तस्य ते ।।
व्यापाराविरतिस्ततः क्षणिनये तत्त्वादवन्ध्यं कथम्,
देशाकारवदस्य हेतुनियतः (2) कालोऽपि यत्मान्मतः[2] ।।
'प्रध्वंसेन विनाशजन्मनिमते तेनापि नाशान्तरो—
त्पादे नाश परम्परेति विभवेद्भावः कदाचिन्न सः ।
न ध्वंसादपरा निवृत्तिरिति (3) चेदन्योऽन्यनाशः कथम्,
तस्मिन् वस्तुविलोकनादिति न सन्नाशादृशः ख्यापनात् ।।[3]

'यदि च तस्मिन्सति वस्त्वदर्शनात् ध्वंसाख्य वस्तुनिबृत्तिरुच्यते, तदा—नाशो मुद्गर (4) एव वस्तु शकलान्येवाथवेति मित्रपादैरुक्तं प्रसङ्गतः व्यवहर्तव्यरुपायास्तु निवृत्तेर्देशकालाकाराधारा च वारिणानुरोधो व्यवहारक

1. ज्ञा०. मि. नि. पृ० 127
2. तत्रैव पृ 114
3. तत्रैव पृ० 114

प्रतिनिय-(5) तप्रतिभासतद्विविक्तार्थान्तरदर्शनाख्यानुपलम्भनप्रभव विकल्पातल्पशायितया तेन तुच्छस्य कीदृशं जन्मेत्यादि गल्लपल्लवप्रयासः फले फल (6) रुहेतः ।

तस्मात्प्रच्युतिमात्रकं व्यवहृतेः पात्रं प्रसज्याह्वय
भूयोऽर्थस्य विरुध्यते न तु जनिस्तस्येति किं हेतुना।
रोधादेव सकृन्न तद्व्यवहृतिर्हेतु क्षयान्नोदयो ।[1]
रोधस्तात्त्विक एव तात्त्विकमिथः स्वाभाव्यभङ्गस्थिते ।

तस्माद्यो हि समग्रात्मा हेतुः स स्वकार्यमुपार्जयन् नश्वरभावालङ्कृतमुपार्जयति नियतानेहस्कमस्य पुनरपर(4) स्मान्निवृत्तिधर्मा स्वभावो न जन्महेतोरिति ।

नाशनं जनयित्वान्यं स हेतुस्तस्य नाशकः ।
तमेव नश्वरं भावं जनयेद्यदि किं भवेत् ।।[2]
क्षणमप्यनपेक्षत्वे भावो भावस्य[3] नेति चेत्
भावो हि स तथाभूतोऽभावे भावस्तथा कथम् ।।

तेन 'यस्या सामग्रया यत्कार्यं तत्तदरिक्तानपेक्षमिति साधनार्थः तदिमं को नाम नानुमनुत कार्य-(3B 5)मेवतु विनाश इति । केनानुरोधेन व्यवहर्तव्यं किं तद्विरहवत्वात् कार्यस्य । नाद्यः, सहकारिष्वपि तथा व्यवहारप्रसक्तेः । विरहस्वरूपानिरुक्तेश्चेत्या (2) दि[4] । यथा मुखसुखमनभिमतार्थमादाय दारिद्रयाद्युपेता दृष्टबलमिति दुर्मनस्थाय तन्द्रामन्दिरसंमदपरिस्पन्दकन्दलितमनोहरः मनोराज्यः नियतकालात्मना जन्म (3) जन्मवत्परेण निवेशितो बिसप्रसूनादिवदिति दर्शितैव निरुक्ति तां पुनरप्य क्षणस्थितिधर्मतां स्वभावः । स्वहेतोरेव तथोत्पत्तेः पश्यन्नपिमन्दबुद्धिः । सहो-(4)-पलम्भेन सर्वदा तद्भावसङ्गविप्रलब्धो न व्यवस्यति सदृशापरापरोत्पत्तिः । विप्रलब्धो वा अन्त्यक्षणदर्शनाः निश्चयान् । पश्चादस्यानुपलब्ध्या वाऽस्थिति (5) (र) (प्रतिपत्तेः) । निश्चयकाल इति । तदा अनित्यता व्यवस्थाप्यते । कार्योत्पादनशक्तेः कारणस्वभावत्वेऽप्यदृष्टतत्कार्यकरणदर्शने यदि-(6)‥ प्रसिद्धतद्भावस्य कार्यदर्शनात्

1. तत्रैव पृ० 120
2. प्र० वा० 4।281
3. तत्रैव 284
4. आ० त० वि० पृ० 93

तत्प्रतिपत्तिवत् । इत्येवमतिविशदविभ्रमभ्राजिस्वाभिप्रायेऽपि यश्चरता प्रति-सप्रमाणकं प्रकटिते क्लेदमतिदीनमुद्रितं (7) उदयनस्य प्रत्यास्पदं उदीक्षते—

नहि पटो जात इत्युक्ते तन्तवो नष्टा इति कश्चिद्व्यवहरति पटस्यानति-रेकात्तन्तुमात्रजन्मनि च भेदाग्रहादव्यवहार इति चेत् न तर्हि व्यव-(4)-हारा-बलम्बनमपि विसभागसन्ततौ तावद्व्यवहारावलम्बनमस्तीति चेत् नैतदेवं यदि तन्तुमालेव पटनिवृत्तिः । तर्हि कथं तथाश्रयस्तदात्मको वा पटः प्राक् अन्यैवासाविति चेतनतावज्जा (7) तिकृत् मन्यत्वमुपलभ्यते व्यक्तिकृतं तु नाद्यापि सिद्धयतीत्यादि[1] यत् स्फटिकाकृतस्य मठस्य हस्तवितस्तिपरिमित-भागभावनातः स्वघटितसन्धि-(3AVI-1)-बन्धनघटविघटनप्रकटनपटुरन्य-त्कटकपाटवोपि स्फुटं स्फुरति ।

क्वचित्तदपरिज्ञानं सदृशापरसम्भवात् ।
भ्रान्तेरपश्यतो भेदं मायागोलकभेदवत् ॥
तथाह्यलिङ्गमावालमसंश्लिष्टोत्तरोदयम् ।
पश्यन् परिच्छिनत्त्येव दीपादिनाशिनं जनः[2] ॥

इति नियतभावाभावव्यवहारनिबन्धनप्रत्यक्षाद्यनुपलम्भसम्भवादपि प्रग-ल्भगर्व्वः प्रगल्भते, गर्भार्भ-(3)-कोपि किं पुनरन्यो धीरधीकोऽन्त्यकोविदः व्यक्ति-कृतं च स्फटिकपटपटलविलोकने प्रत्यक्षतः प्रेक्षते प्रेक्षः न खलु स्फुटित एव स्फुटितः एव वा स्फुटितो न भ-(4)-वति इति व्यवहरणजन्यत्वव्यवहरणं तत्त्वव्यावृत्तमेव हि न त्वं एतमर्थमादाय दर्शिता व्याप्तिरनित्यतया कृतकत्वस्य ।

सत्तामात्रानुबन्धित्वान्नाशस्यानित्यता ध्वनेः ॥
अग्ने न चान्तरोत्पत्तौ भवेत्काष्ठस्य दर्शनम् ।
अविनाशात्स एवास्य विनाश इति चेत्कथम् ॥
अन्योऽन्यस्य विनाशोऽस्तु काष्ठं कस्मान्न दृश्यते ।
तत्परिग्रहतश्चेन्न तेनानावरणं यतः ॥
विनाशस्य विनाशित्वं स्यादुत्पत्तेस्ततः पुनः
काष्ठस्य दर्शनं हन्तृधाते चैत्रापुनर्भवः ॥[3]
यथाचाप्येवमिति चेत् (7) हन्तुर्नामरणत्वजतः

---

1. आ० त० वि० पृ० 94-95
2. प्र० वा० 2/104-105
3. प्र० वा० 270-273.

अनन्यत्वे विनाशस्य स्यान्नाशः काष्ठमेव तु ॥
तस्य सत्त्वादहेतुत्वं नातोऽन्यो विद्यते गतिः
अहेंतुत्वेपि नाशस्य नित्यत्वाद्भावनाशयोः ॥(8)
सहभावप्रसङ्गश्चेद सतो नित्यता कुतः ।
असत्वेऽभावनाशित्व प्रसङ्गोपि न सङ्गतः ॥
यस्माद्भावस्य नाशेन न विनाशनमिष्यते ।
नश्यन् भावोऽपरापेक्ष (9) इति तज्ज्ञापनाय सा ॥
अवस्थाऽहेतुरुक्तास्या भेदमारोप्य चेतसा ।[1]
न भावो भूतो भूत्रान्तरात्भर्त्समभागी भाव्यते ।

(3B VI. 1) तथाभूतस्यैव स्वयंभूतेरित्यपरापेक्षधर्मप्रतिषेधार्थं तत्स्वभावज्ञापनेनार्थान्तिरमेव धर्मिणं चेतसा विभज्य तन्मात्रजिज्ञासायां स्वभाव एव तथोच्यते। (2) तदेतन्मन्दबुद्धयः क्वचित्तथा दर्शनायोपमात्रविप्रलब्धनाशं गुणं तस्य भावमारोप्य सहेतुकमहेतुकं वाऽप्रतिष्ठितं तद्द्वयाभावचिन्तयाऽऽत्मानमाकलयन्ति।

स्वतो-(3)-पि भावेऽभावस्य विकल्पश्चेदयं समः ।
न तस्य किञ्चद्भवति न भवत्येव केवलमि ॥ त्यादि

न भावो भवती[2] त्यादि न्याय[3]नाथस्य सुभाषितमुखोप्यपापीयसा प्रबन्धेनाकाल-(4) कु=टिपटलेनेबान्धकारप्रख्यं धान्यं धी (वनेपि वी) विवर्द्धयत्ययमित्यनमनलमनलसविचारे वचनचर्चया। न च [4]प्रमाणाभाबोऽन्त्यक्षणदर्शिनां निश्चया (5) त् सावधित्वे नोत्पत्तेरेव शकलवलयविलोकने विलोक्ो न घटमालोकयति। न हि यो यत्र काले नास्ति स तत्र दृश्यते। देशान्तर इवान्यदेशनि-(6)-वेशितद्रव्यम्। व्यवहाररीतिरमणीयशरणिरनुपलब्धिरूपविसदृशदशास्य स्वभावभावनाभणितैव भूरिशः। कारकहेतुव्यूहव्यस्त्या विख्यापितमनपेक्षत्वं ज्ञाप-(7)-कापेक्षया सापेक्षमेवेदं। तत्किं ब्रवीति

---

1. प्र० वा० 3/270-273
2. प्र० वा० 3।274-278
3. प्र० वा० 3।278, 279
4. तत्रैव3/280 : न भावो भवतीत्युक्तमभाबो भवतीति न।

विचारकवृद्धः:* । रण्डाकरण्डपिण्डिततन्तुभ्यः कुविन्दनन्दनकरपट्ट —* सितातानवितानावस्था स्थवीयांसं भेदमा (3A VII, 1)—बिभ्रतोऽनुभूयन्ते पटादिव्यपदेशविषयाः प्राव (र) णादिक्रियाविशेषशालिनो यदवस्थां द्रव्यवृद्धि-प्रागल्भ्यगर्व्वगुरवो गण्यन्ते परेण ।

रूपादिशक्तिभेदानामनाक्षेपेण वर्तते ।
(2) तत्समानफलाऽहेतु व्यवच्छेदे घटश्रुतिः ।।[1]

बन्धनादिक्रियानिबन्धनो हि ध्वनिस्तन्तुरिति तत्समुदायविशेषं सम्पाद्य प्रावराद्यर्थं सामर्थ्यमतथाविधसमुदायान्तरव्यवच्छेदेन स-(3)-मर्थनीयमर्थनवैः पट इति प्रकटितः शब्दः ।

तैस्तन्तुभिरियं शाटीन्युत्तरं कार्यमुच्यते
तन्तुसंस्कारसंभूतं नैककालं कथंचन ।[2]
कारणारोपतः कश्चित्, एकापोद्धारतोऽपिवा
तन्त्वाख्यां वर्तयेत्कार्ये दर्शयन् नाश्रयं श्रृतेः ।

तन्तुकार्यो हि पट एव, तदानीं न तन्तवः तन्तुप्रत्ययस्तु कारणस्वरूपा-रोपतः पूर्वस्मरण-(5)-सापेक्षत्वात् । एकैकापोहने वा लक्ष्यैकैकापोहे पटो नामापरोऽस्ति तदेवं कालिको विशेषः समस्तवस्तुस्तोमविषयो विशेषतोऽन्यत्वे कथनीयः । (6) कथमन्यथा प्रत्यभिज्ञापदैकत्वसिद्धौ तेन तूष्णीकृतमेतत्, अपि च तन्तुविनाशः सामान्यतस्तन्तुविरहस्वभावो वा स्यादित्यादिविचारवशेन च कलितः (7) विनाश्यस्वरूपास्वरूप * कारणाकारणत्वमेव बाधकं सकलकलाकलापप्राप्तप्रदार्थसार्थस्य सर्वदा विनाशनामपदार्थान्तरप्रादुर्भाव-भाषणे-(8)-बिभ्यत इव विनाशपूर्वकालप्रतिज्ञासमपरपर्यालोचनयाऽप्रतिनिवृत्तं मन्यमानेन उक्तमेव काष्ठं कास्मान्नदृश्यत इत्यादि पदार्थान्तरस्याभावसंज्ञा-करणं वा, (9) लोकव्यवहारसम्मत्या वा, प्रमाणप्रवृत्या बा, महेश्वरसमीहा-हेतुप्रहितप्रभावाद्वा, आत्मेच्छानुचरत्वाद्वा भावानां भावानां भर्त्सितं सर्वत्र

---

* धर्मकीर्ते :

1. प्र० वा० 1/102

* अक्षराणि लुप्तानि ।

* विच्छिन्नानि पदानि ।

2. प्र० वा० 1/151, 152

* विच्छिन्नाक्षराणि ।

च सुदर्शन: समाधिरिति किमयं चौ-(3B VII-1) रार्चनमिव प्रचपलपदस्पन्द-समन्दर्प्यमपसर्प्य । 'तत्कालसत्वं चेत्तर्हि तदभावो जात इत्यादि भाषया, तस्मात् ।

अहेतुत्वाद्विनाशस्य स्वभावादनुबन्धिता ।
सापेक्षाणां हि भावानां नावश्यम्भाविनेक्ष्यते ॥
वाहुल्येपिहि तद्धेतोर्भ वेत्क्वचिदसम्भवः ।[1]

यद्यपि च क्षणानि विनाशकारणकारणानि सन्ति, तेषामपि स्वप्रत्ययाधीन-सन्निधित्वान्नावश्यं सन्निधानमिति मही-(3)-महीधारादिषु कश्चिन्न विनश्येदपि नियमानवधारणमेव हि व्यभिचारचमत्कारश्चेतसि विचारचक्रस्य । अत एवाह—

एतेन व्यभिचारित्वमुक्तं कार्याव्यवस्थितेः ॥
सर्वेषां नाशहेतूनां (4) हेतुसन्नाशवादिनाम् ।[2]

तस्मान्निधनविवन्धनचण्डदण्डाभिघाताग्निसंयोगादितः समनन्तरभगवत-कपालाङ्गारादिविसदृशविकारवीक्षणवेलायामपि घटकाष्ठादि-(5)-कं वस्तु स्वभावत एव विनश्वरमुत्पन्नमिति न दृश्यते तद्वस्तु भ्रंत एव विनश्वरत्वरूपस्य बिनाशस्य व्यापकत्वं कृतकत्वं प्रत्यनपेक्षत्वाध्रुवभावित्वेन प्रतिपादि (6)-तम् । तस्मात् ।

भवत्येव स्वभावतः ।[3]
यत्र नाम भवत्यस्मात् अन्यत्रापि स्वभावतः ।

सोयं भवन् क्वचिद्द्रष्टोऽनपेक्षत्वात् स्वभावत एव भवति तथान्यत्रापि स्बभाव-(7)-विशेषाभावात् । इति व्यापकत्वमुक्तमस्यान्यथाकारमुत्थाप्य दूषयतो न स्वहृदयस्यापि परितोषः ।

अस्तु तर्हि ध्रुवभावित्वं व्यापकत्वमिति चेत् न अतादात्म्यादतत्कार-(8)णत्वाच्चेत्यादि[4], तादात्म्यं तदेककारणसम्भवश्च प्रतिपाद्यते स्म समनन्तर-

---

1. प्र० वा० 3/194-195
2. तत्रैव 3/195-196
3. प्र. वा. 3/196-197
4. आ. त. वि. पृ. 102

मेव, न वा भावत्वादभावो न क्रियत इति कश्चिदाह। किं तर्हि प्रसज्यपर्युदासोवाऽभाव इ-(9)-त्याबालमालापः कर्तव्यश्चाभावः कतरोऽस्तु न तावत्प्रसज्यः क्रियापदेन तत्र नञः सम्बन्धात् क्रियाप्रतिषेधमात्रत्वमेकप्रमाणव्यापारप्रत्ययज्ञातत्वादविद्या-(3A VII[I] 1)-वशेन परापेक्षप्रत्यनीकाकारत्वं भावपरिहारस्वभावत्वञ्च(**ज्ञानमिश्रयति**) ज्ञानश्रीमिश्रत्राति कल्पना। सिद्धस्यासिद्धं वा पारतन्त्र्यं सम्बंधो रूपाश्लेषः तथाऽपरोपि न पारमार्थिकः (2) इति **सम्बंधपरीक्षायां** ख्यापितम्। तेन शेषप्रबन्धो विधि एव धीविधूत इति तदपरप्रबन्धविधूतये यतामहे। प्रत्यभिज्ञाकेशकुशकर्दलकाण्डप्रभृतौ पदार्थे प्रदीपवद्वि (3)च्छिन्नपुनः प्ररूढे समपौढकत्वेऽपि घटस्फटिकप्रत्यभिज्ञया न भिद्यते सम्बन्धभावत्वात्। समस्वभावत्वमसिद्धमवबुद्धं विरुद्धधर्मासंसृष्टविषयत्वेन घटस्फटिककु-(4)-ण्डकुण्डलमण्डलमण्डनानुसन्धित्वान्घानपि योऽधिकत्वात् बद्ध्वा प्रच्युत विरचायीति चेत्, न-प्रत्यभिज्ञा सामर्थ्यमेतत्। सिद्धा वाश्रयतोऽन्योऽन्यसंश्रयदोषो (5)न दोषसहस्रेणापि सशक्यः संकोचयितुं प्रमाणान्तरञ्च शतमासित्वाऽपि समाः समर्थोन कश्चन प्रपञ्चयितुं क्षणभङ्गं सङ्गतमानना निवेदि-(6)-तैव। न च प्रमाणनिवृत्तावपि विप्रकृष्टविषये तद्भावविभावना प्रभुः प्रेक्षः।

अभिन्नवेदनस्यैक्यं यन्नैवं तद्विभेदवत्।
सिद्धयेदसाधनत्वेऽस्य न सि-(7)-द्धं भेदसाधनम्।
भिन्नाभः सितदुःखादिरभिन्नो बुद्धिवेदने।
अभिन्नाभे विभिन्ने चेद्भेदाभेदौ किमाश्रयौ।
तिरस्कृतानां पटुनाप्येकदाऽभेददर्शनात्।
प्रवाहे चित्तचैत्तानां सिद्धा भेदव्यवस्थितिः॥[1]

इति आचार्यश्वचनमवहतुं प्रबन्धान्तरेण न शक्यम्, स्वरगीतफलोच्छ्वासमप्राप्य प्राप्यते.

साघुगीतं सुष्टुगीतं लब्धं(9)गीतस्य ते फलम्।
गोपुत्रा इव गायन्ति सामो दातुमयः स्वरः॥

1. प्र. वा। 2/278-280
2. धर्मकीर्तिः

एतेनैतदपि पिष्टमनिष्टम् विवादाध्यासितो भावः कालभेदेपि न भिद्यते। बिरु-(3 B VIII, 1)-द्धधर्मासंसृष्टत्वात् यो यद्भेदेपि विरुद्धधर्मासंसृष्टो नासौ तद्भेदेपि भिद्यते। यथा प्रतिसन्धिपरमाणुभेदेप्येकः परमाणुस्तथा चायं विवादाध्यासितो भावस्तमात्कालभेदेऽपि न भिद्यते इति। अत्र व्याप्तौ न कश्चिदपि विप्रतिपद्येत। पक्षधर्मता ते प्रसाधितैवेति स्थिरताऽस्थिरता भावानाम्। तदनन्तरप्रकरणनिहतपक्षध(3)र्मता सिद्धित्वादसाधनमसाधनीयम्। तदेवं सत्त्वं प्रागभावप्रध्वंसाभावमध्यमध्यासीनस्य भावस्यान्तरालभेदे निसत्वमवगमयितुमलमुत्कलितानुकूलप्रसङ्ग-(4)-तद्विपर्ययपर्यवसितसपक्षत्वे क्वचिद्बीजादौ दर्शितस्वसाध्यप्रतिबन्धमिति प्रबन्धेन प्रसाधितं साधीयः सुधीभिरवधार्यमिति स्थितम्। पूर्वसर्वन्यायसन्यासमाश्रि-(5)-त्य लघुपरलङ्घनजंघालहेतुहतिं प्रहिणुमः। यद्यस्य यत्रव्यवहरणकारणमपसरणपराचीनतया चिन्तितं तत्र तस्य व्यवहरणकारणजननीयं नी-(6)-लता व्यवहरणकारणनीलि। भवति तद्वयवहरणवत्। नीरजे पूर्वापरकालयोरपिकरणाकरणविरुद्धधर्माख्यानौ बीजभेदे व्यवहरणकारण (7) मपसरणरमणत्वेन मतः, तदत्र करणाकरणं नासिद्धया ग्रस्तमध्यक्षप्रेक्षिततत्वात्, विरुद्धता विशेषगणपि प्रमथितप्रदूषणगणं प्राचीनप्रगलभप्रब-(8)-न्धत्वेन नाप्यनैकान्तिकत्वं अन्तिकमस्य गन्तुं सन्तनोति सामर्थ्यम्। अन्वयव्यतिरेकप्रत्याकलनया हि कारणत्वं किञ्चिदपि प्रतिपर्यालोचनीयमु(1)पायान्तरातर्कणात्। अयमेत्र भेदो भेद हेतुर्व्वा यदुत विरुद्धधर्माध्यासस्तस्य जननिबन्धनञ्च सामग्रीलक्षणकारणसाजात्यविजात्यपर्यवसितौ भेद इति अभिदधानेन चाचार्यचरणेन प्रतिदर्शनं दर्शितदिक्कालादिगुणद्रव्यव्यायाव्ययादि-(4 AI-1)-भेदव्यवहारहेतुहस्तकत्वात् न्यस्तौ विरुद्धधर्माध्यासो वस्तुस्वभावनानात्वे निबन्धनसमस्तवादिव्याप्त्यव्याप्तिप्रसरानाक्रान्तपौरुषसतोऽयमेवभेद इ-(2)-ति व्यवस्थाने स्थिरस्तद्व्यवहरणें कारणंकल्पनारोपितधर्माणामपि भेदो विरुद्धधर्माध्यासलक्षण एवेत्यव्याप्तिरसम्भाविनी; नचाभेदेपि विमृश्यते क्वा-(3)-पि विरुद्धधर्माध्यास इत्यतिव्याप्तिव्यस्तिरस्ति विरोधबोधो बहुधा बहुष्विति न सम्भवविपर्ययो हृदि धेयः। न च विरुद्धधर्मद्वयभेदानुपपत्तिस्तत्रापि नित्यस-(4)-मां जातिरीत्या विरुद्धौ पदार्थौ व्युदस्य नान्यो धर्मोनाम किन्तर्हि धर्मान्तरप्रतिक्षेपाऽऽक्षेपाभ्यां धर्म्मधर्म्मिव्यपदेशेपि न वस्तुभेदस्तेनानवस्था (15) न मनसि निवेश्या यथाकल्पनमस्य सम्भवात्।

यत्पुनरुक्तम्—भेदो हि विरोधं व्यभिचरति, न विरोधौ भेदमिति तत्पारमार्थिकापारमार्थिकभेदभ-(6) ण्याभाषितं विरुद्धताहेतोः सविधसम्बन्धनिबन्धसम्बन्धाव्याप्तिसिद्धौ हि सपक्षे पक्षपाती विरुद्धो नोपलब्धः भेदव्यवहारज्ञापकहेतुश्च प्रति (7) भास भेदः। द्वितोयोपि प्रयोगः-स एवायमिति परामर्शः सोऽसदृशपरावृत्तपदार्थाध्यवसानव्यापारः, यथा केशपाशे च्छिन्नोद्भिन्ने स एवायमिति परामर्शस्य विवादपदे घटादौ अत्यन्तसदृशे स एवायमिति मन्दसादृश्ये स इवेति प्रकरणवशात् अत्यन्तसादृश्य-(9)-मिहोपात्तं जात्येकत्वे दीपादौ प्रत्यभिज्ञेति वदताऽतद्व्यावृत्तिविषया स्यात्प्रकाशिता, यद्यतीतेन सह वर्तमानस्य एकत्वं नास्ति कथं (4BI-1) चित्पूर्वं पश्चाद्दृष्टार्थं क्रिया भवति। न। यथा घटमेकं विघटघटाङ्कुरारोपणे प्रेक्षते यथा पुरधारणं तथैव पूर्वानुरोधेऽअसम्भवे यतः भविष्यति तादृशार्थक्रिया तच्चेकार्थक्रियाकरणादेकत्वन्तु तदकारिव्यवच्छेदलक्षणं साम्वृतमिष्यत एव तेन क्षणभङ्गो घटादीनां धर्मस्तेनैव साधनहेतुभिरित्यपकृतम्। एकमिति हि व्यपदेशविकल्पास्तदर्थसामर्थ्यमा-[3]-त्रेण समङ्गीसजातयो न पुनरर्थरहितसामान्याद्यर्थसामान्याद्यर्थविषया व्यपदेशविकल्पाः प्रेक्षावद्भिराद्रियन्ते ततस्तादृगर्थक्रियाकारितयैकत्वं प्रत्यभिज्ञानविषयः तस्माद्या [4] प्रत्यभिज्ञा सा तदर्थक्रियाकारिव्यावृत्तसदृशार्थक्रियासमर्थविषयाः यथा घटानयनेऽपि इतराभिप्रायेण अन्यमानयेति नियोगे घटान्तरानयने पुनः-(5)-स एवानीत इति प्रत्यभिज्ञा। प्रत्यभिज्ञा चेयं स एवायं घट इति आजन्मनः प्रणाशावधिप्रतिभासप्रसवप्रसङ्गः, प्रतिक्षणं क्षणभङ्गे सति भावस्य भवेदत-(6)-विपर्यये बाधकं अस्ति च प्रतिभासः प्रागभावप्रध्वंसाभावयोर्मध्यारूढस्य वस्तुतः पूर्वापरकालकलतातिक्रान्तः। सः क्रान्तनिश्चयो निखिलवस्तु (7) सुजनानुभवभूमिः। अतएव स्थवीयसि स्वभावे भावानां कालनियमोऽपि सिद्धः। अतद्रूपरावृत्तिविषयस्त्वेकत्वाध्यवसायोनावस्थाभावमाकर्षति प्रत्ययभिज्ञा (8) तन्तु सांवृतैकत्वं व्यवहारयति। परव्यामोहापनयनेन यथादृश्यानुपलब्धिबलिमहिलागोपालादिगम्येऽपि प्रतिषेधे शङ्क्यं लक्ष्यीकृत्य व्यामोहशुद्धतन्त्रं (9) प्रक्षिप्यते।

"तदत्यन्तविमूढार्थं आगोवालादिमसंवृतेः"[1]

इति वचनात्।

---

1. प्र. वा. 2/99

ज्ञानं त्वर्थावभासतः ।

तं व्यनक्तीति कथ्येत तदभावेऽपि तत्कृतम्[1] ॥

तथा * दुकूलनीलनलिन-(10)-दलावलिवलिमध्यप्रमदानन्दिमन्दिरकुन्द-सिन्दूरार्थं[2] वलभीप्रभृतीनां मध्यावस्थाख्य ग्राह्याकारवेदनावृत्यैकं प्रतिसंधातारमेव भाषितं 4AII 51(10L) सकृदत्र प्रतिभातीति पाश्चात्यानुव्यवशायवशेन स्फुरणञ्च पूर्वानुभूतस्य ग्राहकाकारस्य अतद्रूपपरावृत्तविषयैकविमर्शवशेन व्याप्त्यादिकञ्च परिकल्पिताद्रूप (2) परावृत्तवस्तुस्तोमाकारेण क्षणक्षीणतानुकूलमिलितविन्यासेनेति न क्वाप्यंशे शंशनीयदोषमनित्यतासाधनमवधातव्यं भव्यभावेन तथा —

वज्रोपलादिरप्यर्थः (3) स्थिरः सोऽन्यानपेक्षणात् ।

सकृत्सर्वस्य जनयेज्ज्ञानानि जगतः समम् ॥

क्रमाद्भवन्ति तान्यस्य सहकार्युपकारतः ।

आहु : प्रतिक्षणं भेदं सदोषोऽत्रापि पूर्ववत्[3] ॥ [4]

इत्याद्यपि यथा प्रस्तावमपहस्तित्रासमुपन्यसनीयम् ।

यत्पुनरुच्यते कालादिद्रव्यगुणकर्मादिकमन्तरेण न कश्चित् व्यपदेशस्तं चान्तरेण न वचनं तस्माद्वचनादेव कालादिकमस्तीति क्षणिकतासिद्धिरिति, तदपि निरस्यते, कालः परापरव्यतिकरयौगपद्यायौगपद्यचिरक्षिप्रप्रत्ययलिङ्गः तेषां विषयेषु (9) पूर्वप्रत्ययविलक्षणानामुत्पत्तावन्यनिमित्तासंभवात् । यदत्र निमित्तं स कालः यत्रैवापरप्रत्ययोदिगपेक्षया तत्रैवपरप्रत्ययः कालकृतः य-(7)-त्रैव च परप्रत्ययो दिगपेक्षया तत्रैवापरप्रत्ययः काल कृत इति व्यतिकरः श्लेषः । युगपदेतानि कृतानि क्रमेण च एतानि कृतानि । चिरं कृतं क्षिप्रं कृतमिति न रूपाद्यतिरेके काले प्रत्यक्षाप्रवृत्तः मन्दता हि निष्पत्तेः कारणक्रमेण विरोधः, क्रमोपि भावाभावादेव भावस्य न कालः राहोः शिर इतिवत्, पुनर-(9)-भावस्यायं काल इति व्यपदेश :—

---

1. प्र। वा- 2/419
2. अक्षराणि लुप्तानि ।
3. प्र. वा. 4/421-422

'दृष्टताऽतीतकालत्वं दृश्यता वर्तमानता
भाविता दृश्यमाणार्थमिति व्यवस्थितिः' ।

रूपमपि चक्षुर्विज्ञानजनकत्वेन एवं श-(10)-ब्दादिकमपि स्वे स्वेन्द्रिय-निदानदर्शननिबन्धनत्वेन वेद्यम् । द्रव्यव्यवस्थापि तत्समुदायसाध्यफलाहेतु-व्यवच्छेदेन दर्शितैवेति न तदास्ति व्यवहरणं न यत् पक्षे तद् अनित्यानु-बन्धीति ।

उदयननिराकरणे वादरहस्ये व्यतिरेकार्थभावादिन्यायनिर्णयो द्वितीयः ।

—०—

अपोहप्रत्यूहव्यूहनिरासः

तृतीयोऽध्यायः

(4A III 1) इहापोहे प्रत्यूहव्यूहो व्युदस्यते। इह जगति जाग्रतो जीवलोकस्य नीलविपुलचलचेतनीयनिचूलनिचयादौ चक्षुषो विक्षेपादनन्तरं नीलादिस्वलक्षणनिष्ठो (2) निर्भासस्तदनुसन्धानधीरसाधारणबोधप्रतिबद्धनीलादिनिर्भासश्च निश्चीयते एतच्च द्वयमपि नीलादिपरिच्छेददक्षमक्ष तमभीक्षणमभिलक्ष्यते। सारूप्यवश-(3)-गा हि परिच्छेदशक्तिः सम्वेदनानामस्ति चानयोर्नीलनिर्भासता नीलनिर्णयनिबन्धनं तेनोभयमपि भयभ्रष्टं नीलमेव परिच्छिनत्तीति सम्प्रत्ययः सांव्य-(4)-वहारिकलोकस्य। तत्त्वतर्कवितर्कविश्रृङ्खलाश्रयस्तु व्याख्याता समःख्यातिप्रथममव्यपदेश्यं व्यवसायात्मकमिति। प्रथममालो-(5) चनाज्ञानं निर्विकल्पकं बालमूकादिज्ञानप्रख्यम्, ततः परं पुनर्वस्तु धर्मैर्जात्यादिभिर्यया बुद्धयावसीयते सापि प्रत्यक्षत्वेन सम्मतेति[1] विकल्पकमध्य-(6) क्षं जात्यादियोजितजलजादिवस्तुपरिच्छेदे दीप्यते। बौद्धस्त्वध्यवसितवान्, प्रथममेव प्रमाणं द्वितीयन्तु स्मरणाभोगादिसामग्रीजल्पनार्थात् (7) उत्पद्यते नेत्रादिसमग्रात्। किन्तर्हि मध्यावस्थालक्षणज्ञानग्राह्याकारात्-स्मरणाभोगादिसहितादनिष्ठितमितीष्टं निर्णयनिबन्धनं पुनरत्रनेत्र-(4B III L1)-नीलाद्यर्थापायेऽपि नीलाक्षिस्मरणसंक्रान्तनीलादिनिर्भासः कुतः संबोभवीत। नार्थात्तस्य निरुद्धत्वात्। न जलादे व्याप्यरूपादिस्वभावत्वात्। इदं ह्युक्तम् —

तच्च सामा-(2)-न्यविज्ञानमनुरुन्धनविभाव्यते।
नीलाद्याकारलेशो यः स तस्मिन् केन निर्मितः॥[2]
शब्देभ्यो यादृशी बुद्धिर्नष्टेऽनष्टेपि दृश्यते,
तादृश्येव सदर्थानां नैतच्छोत्रा (3) दिचेतसाम्[3]॥

इति तथा

यदप्यन्वयिविज्ञानं शब्दव्यक्त्यवभासियत्।
वर्णाकृत्यक्षराकारशून्यं गोत्वं हि वर्ण्यते[4]।

---

1. मी० श्लो० वा० 112, 120
2. प्र० वा० 2/23
3. ,, ,, 2/39
4. ,, ,, 2/147

द्रव्याद्यरूपादिरूपम् । इदं तु विकल्पकं नीलाद्याकृतिसाक्षराकारं च सुज्ञातमन्तर्मात्रादिपरि (4) वित्तिर्विभाव्यते । तेन न जात्यादिपरिच्छेददर्पो द्वितीयप्रत्ययस्य तत्प्रत्यनीकरूपादिः रूपत्वात् । न हि यत्र यस्य प्रतिभासोऽसंभावी स तस्य ग्राहकः प्रत्य-(5)-यस्पर्शाकारशून्य इव रूप सम्वेदी न स्पर्शस्य । तथेदमपि नीलादिनिर्भासि न तत्स्वभावशून्यजात्यादिसंवेदि व्यवस्थाप्यमापद्यते । तदेतरयां वे -(6)-दनविवर्तमात्रायाम् ।

'अपोहः शब्दलिङ्गाभ्यां प्रकाश्यत इति स्थितिः
साध्यते सर्वधर्माणामवाच्यत्वप्रसिद्धये[1], ।

इति साध्यत्वमनूद्यते ।

रहस्यं पुनरत्र, येन नी-(7)-लं अनीलापोहम्परिच्छिद्यते प्रत्ययेन न तेनैवापोहविषयत्वमात्मनो व्यवस्थाप्यते, किन्तर्हि, प्रत्ययान्तरेण बाधमातन्वता नीलस्वक्षणविलक्षणत्वादेतन्निर्भासस्य । तेनेदं परप्रौढशास्त्र[2]कृद्भिरपि-तत्प्रत्ययमधिकृत्योच्यमानं न मानसस्पर्शिप्रेक्षस्य क्षणिकत्वानुपपत्तिश्चानुगत व्यववहारानन्यथा सिद्धेः (4A, IV, 1) शब्दलिङ्गविकल्पाहि साधारणं रूपमनुपस्थापयन्तो न तृणकुब्जीकरणेऽपि समर्था इत्यविवादे, बाह्यार्थस्थितौ स्थिरास्थिरविचारात् । तच्चालीकं वा, आकारो वा, बाह्यं वस्तु वेति त्रयः (2) पक्षाः । तत्र न प्रथम पक्षः तद्धि तावदनुभवादेव तथा व्यवस्थाप्यं-तस्यालीकत्वेनानुल्लेखात् । तथात्वे वा प्रवृत्तिविरोधात् । न ह्यलीकमेतदित्यनुभूयाप्यर्थक्रियार्थी प्रवर्तते (3) अन्यनिवृत्तिस्फुरणान्नैष दोष इति चेत्, एतदेवासत् विधिरूपस्यैव स्फुरणात् । नहि शब्दलिङ्गाभ्यामिह महीधरोद्देशेऽनग्नि र्न भवतीति स्फुरणमपि त्वग्निरस्ती-(4) ति । यद्यपि निवृत्तिमहं प्रत्यैमीत्यादि ।[3]

यस्मादिह धराधरविश्म्भरायां विभावसुरस्तीति धनञ्जयाकारधारित्वाद्बोधस्य तेन बोधेन धनञ्जय एवावबुद्धः । (5) तेन विधेरेव स्मरणादिति सम्मतमेवास्माकम् । अलीकमिति तु लोकेऽप्रकाशभृद्बाध्यमलीकमाहुरिति वच-

1. ज्ञान श्री मित्र नि० पृ० 201
2. उदयनाचार्यैरात्मतत्वविवेके ।" स्थैर्यसाधकं प्रथमं प्रमाणं प्रत्यय ज्ञान रूपं द्वितीयं क्षणिकत्वानुपत्तिः" पृ० 111, पं० 4;
3. आ० त० वि० पृ० 112

नात् । प्रकाश्यमानं बाधितमुच्यते । तत्किमुच्यते न (6) तावत्तेनैवानुभवे नेत्यादि भाषामपि तावदभ्यस्य निराकारवादिना हि द्रव्यवदेकानेक-विचारचक्रनिकृत्ततया नीलाद्याकारमेव चेतश्चक्रमलीकमभिलप्यते तदपि न स्वानुभवप्रभावादपि तु बाधकबोधाधीनंतत् । तथा नील जलजाकाराक्रान्तमेव स्वान्तमनीलव्यावृत्तिरित्युच्यते । व्यतिरिक्तायां नीलव्यावृत्तौ ततो व्या-(8) वर्तमानं नीलमनीलमेव मिलेदनीलवता अपितु तस्मात्—

तत्रापि चान्यव्यावृत्तिरन्यव्यावृत्त इत्यपि ।
शब्दाश्च निश्चलाश्चैव निमित्तमनुरुन्धते[1] ॥
भेदान्तरप्रतिक्षेपा (4 BVI-1) प्रतिक्षेपौ तयोर्द्वयोः ।
पदं संकेतभेदस्य ज्ञातृवांच्छानुरोधतः ॥

तत्राप्यन्यापोहे शब्दार्थेन व्यावृत्तिरन्यान्य एव व्यावृत्तेस्तु व्यावृत्तं-निवर्तमानस्य तदभावप्रसङ्गात् । तथा च (2) प्रवृत्तेर प्यभावः तस्माद्य एव व्यावृत्त स एव व्यावृत्तशब्दप्रवृत्तिभेदश्च संकेतभेदानुवाच्यभेदोऽस्ति ।

ननु च वाच्यविशेषाभावात् संकेतभेदोऽप्ययुक्तः द्वयोरेका (3) चलनात्, तथा च व्यतिरेकिण्या विभक्तेरप्रयोगः तस्याभेदाश्रयत्वात् ।

द्वयोरेकाभिधानेऽपि विभक्तिर्व्यतिरेकिणी ।
भिन्नमर्थमिवान्वेति वाच्यलेशविशेषतः[2] ॥

न वै शब्दार्थं काचिद्विषयस्वभावायत्ता वृत्तिरित्यतो वृत्त्यभावप्रसंगात् यथा व्यतिरिक्तेऽव्यतिरिक्ते वा प्रयोक्तुमिष्यन्ते तथा निर्मुक्तास्तमर्थमप्रति-बन्धेन प्रकाशयन्ति । तेन गौ गौं (5) त्वमित्येकार्थाभिधानेऽपि कस्यचिद्वि शेषस्य प्रत्ययेन विरुध्यते संकेतभेदे व्यतिरिक्तार्था विभक्तिरर्थान्तरमिवादर्श-यन्ती प्रतिभात्यनर्थान्तरेऽपि तथा प्रयोग (6) दर्शनाभ्यासात् । न तावत् सर्वत्र भेदः अन्यत्रापि पुरुष इव तस्य प्रतिबन्धाभावात् । यथैकं क्वचिदेकत्र चानेन ख्याप्यते तदविशेषेऽपि गौरवादि ख्या-(7)-पनार्थं बहुवचनेन प्रयोगा-भावात्तु संकेतभेदो न स्यात् अन्यस्यैव, तथाहि भेदान्तरेण यदि भणितस्यार्थः यदायं प्रतिपत्ता तदन्यव्यवच्छेदभावानपेक्षः (8) पिण्डविशेषेऽश्वव्यवच्छेदमात्रं जिज्ञासते तथाभूतज्ञापनात् तथा च भेदसङ्केतेन शब्देन बोध्यतेऽनश्वत्वमस्या-

1. प्र० वा० 3/59,61 अनुरोधिनः पाठान्तरम् ।
2. प्र० वा० 3/60

स्तीति यदा पुनर्व्यवच्छेदान्तरनिराकाङ्क्ष्यस्तंज्ञा-(9)-तुमिच्छति तदाऽपरित्यक्त व्यवच्छेदान्तरं तमेवाश्वपरिच्छेदान्तरं तमेवाश्वपरिच्छेदं तथा प्रकाशनाय प्रमुच्यते अनश्वायमिति। अत एव पूर्वत्र प्रतिष्ठितपदान्तरत्वाच्छब्दप्रवृत्तेनं समानाधिकरण्यं विशेष्यभावो वा गोत्वमस्य शुक्लमिति तन्मात्रविशेषेण बुद्धे स्तदाश्रयभूताया एकत्वेनाप्रतिभासनात। निराकांक्षत्वाच्च द्वितीये तु न भवति। तथा (4 A V-1) संकेतव्यवहारेण संकेतसकलव्यवच्छेदधर्मे विभाग-वत् एकस्य बहुजनेन प्रतिभासनात् व्यवच्छेदान्तरसाकांक्षत्वाच्च।

भेदोऽयमेव सर्वत्र द्रव्यभावाभिधायिनोः।
शब्दयो र्न तयो र्वाच्येविशेषस्तेन कश्चन[1] ॥

तस्मान्न सर्वत्र धर्मधर्मिवाचिनोः शब्दयोर्वाच्येऽर्थे निश्चयप्रत्यय-विरोधत्वेन कश्चिद्विशेषः एकस्तमेव प्रत्यायनप्रतिक्षिप्तभेदान्तरः प्रत्यायति (3) अन्योऽप्रतिक्षेपेणेत्ययं विशेषः।

जिज्ञापयिषुरर्थं तं तद्धितेन कृतापि वा।
अन्येन वा यदि ब्रूयात् भेदो नास्ति ततोऽपरः[2] ॥

एतावन्तमेव च भेदं दर्शनं शुद्धिस्तेन···वादे जा-(4)-येत पाचकत्वमिति कदा वा पाक इति अन्येन वा तथाभूतज्ञापनाय स्वयंकृतेन समयेन न पुनस्तथा भूताभिधानमात्रेणार्थान्तरमेवैतद्भवति तथाभूतस्यैव ज्ञा-(5)-पनाय शब्दस्य कृतसंकेतत्वात्। न च पाचकत्वमिति तथा उच्यते, न पाचक एव अत्र पाकेन अन्य एव कश्चित्पाचको नामाभिधीयते पाक विचिन्त्यते। यत् पु-(6)-नरस्या-भिधेयं तत् कश्चित्तं तवेव पाचकत्वेनापीत्ययम्।

नास्त्येकसमुदायोऽस्मादनेकत्वेऽपि पूर्ववत्।
अविशेषादणुत्वाच्च न गति (7) श्चेन्न सिद्धयति।
अविशेषः विशिष्टानामैन्द्रियत्वमतोऽनणुः।
एतेनावरणादीनामभावश्च निराकृतः ॥[3]
संख्यासंयोगकर्मादिरपि तद्वत् स्वरूपतः।[4]
अभिलापाच्च (8) भेदेन रूपं वुद्धौ न भासते।

---

1. प्र० वा० 3/62
2. प्र० वा० 3/63
3. प्र० वा० 1/88-89
4. प्र० वा० 1/93

आवरणं हि परमाणूनां उपलब्धं, असंसर्गात्कथमिति न युक्तम् । न हि अवयवी प्रतिषेधसाधारणं क्वापि उपलब्धं येन तत्त्वाभावे परमाणुषु न स्यात्तथा प्रतिघातादयः । अथ

चित्रत्वात्परमाणूनां संहतेः स्यात्पटादिकम् ।
कथमावरणं वा तस्यातपस्य जलस्य वा ॥

अवयवैः सन्त्यागमन्तरेण परिमाणुषु च (10) केवला अव्याहृतपरस्परान्तरानुप्रदेशाः कथमावरणत्वात् जातस्य वात्र उच्यते । असंसृष्टाः कथमवयविनं जायन्ते संसर्गश्च नैकदा तदभावात् (4B II-1) न सर्वात्मनाऽणुमात्रपिण्डप्रसङ्गात् संयोगस्य पदार्थान्तरस्य जननेन चेत् तमेव संयोगं सान्तराः कथंजनयन्तीति समानः प्रसङ्गः । संसर्गश्चेत् किं संयोगेनापरे-(2)-ण तथा वापि ना । अथ सान्तरा एव संयोगमवयविनञ्च जनयन्ति तथा सत्यावरणादिकार्यंमपि किंन जनयन्ति ।

बिनापि परमाणूनां संसर्गात् संहतिः परा ।
आघातेऽपि पृथग्भावौ (3) यस्यां नैव समस्ति सः ॥

न खलु संयोगः प्रतिभासते संयोगे व्यतिरिक्तः, केवलमसंयुक्तयोः सावस्थानोपलभ्यते तौ पुनरुपलभ्येते ततोऽन्वयव्यतिरेकाभ्यां कल्प-(4)-नामात्रमेतदिति निर्णयः । अप्रत्यक्षेण ते तथाभूतं सचैवंभूतं जातमिति प्रतीतिः । ततः सैवावस्था पृथग्भावेन ज्ञाप्यते संयोग इति । अतएव ।

शब्दज्ञाने विकल्पेन वस्तुभेदानुसारिणा ।
गुणादिष्विव कल्प्यार्थे नष्टाजातेषु वा तथा ॥[1]

न शब्दज्ञानेन वैलक्ष्यमात्रादेव पदार्थभेदोऽपितु प्रत्यक्षलक्षणज्ञानभेदात् विकल्पि-(6)-काहि बुद्धिरनादिवासनासामर्थ्यादुपजायमाना तथा तथा प्लवते ततो नार्थतत्त्वं प्रतिष्ठां लभते । तथान्वयव्यतिरेकेण परिकल्पितं भेदमाश्रित्य संयोगादिबूद्धयः ततः परिकल्पितस्यैव चोत्पादनार्थतत्वस्य कल्पितार्थभेदस्तु तीर्थ्यान्तरदर्शनादप्युपजायते । ततोऽप्यर्थतत्त्वव्यवस्थायामनवस्था (8) तथा (8) तथाभ्युपगमनेन परस्परापवादः स्यात् । ततो भिन्नशब्दः ज्ञानञ्च

---

1. प्र० वा० 1/94

विकल्पिते वस्तुनि वासनाया. अन्वयव्यतिरेकाभ्यां प्रवर्तते किं भूतोऽसौ विकल्पो वस्तु-(9)-भेदानुसारी वस्तूनां भेदो व्यावृत्तिरतथाभूतात्। न व्यावृत्तादन्या व्यावृत्तिः ततः स एव सन्तानापेक्षयाऽर्थान्तरभेदो भेदेन प्रतिभाति वस्तुभेदम-(10)-न्तरेण च कल्पना भेदानुगा गम्यन्ते, यथा एको गुणः एकः समवायश्चतुर्विंशतिः गुणाः।

मतो यद्युपचारोऽत्र (4A VI 1) स इष्टो यन्निबंधनः।
स एव सर्वभावेषु हेतुः किन्नेष्यते तयोः ॥[1]

आजाताः पुत्रा स्थविरं तापयन्तीतिवत्, अतीताजातयोर्यन्निबन्धनमुपचारस्य निरु-(2)-पणानुस्मरणगृहीतत्वेन क्षणं तदेव निमित्तमस्तु वर्तमानेपि संयुक्तो धट इत्यादावपि।

उपचारो न सर्वत्र यदि भिन्नविशेषणम्।
मुख्यमित्येव च कुतोऽभिन्ने भिन्नार्थ (3) तेति चेत् ॥

अनर्थान्तरहेतुत्वेऽप्यपर्यायः सितादिषु।
संख्यावियोगिनः शब्दास्तत्राप्यर्थान्तरं यदि ॥

गुणद्रव्याविशेषः स्यात् भिन्नो व्यावृत्तिभेदतः।
स्यादनर्थान्त(4) रत्वेऽप्यकर्माद्रव्यशब्दवत्[2] ॥

ननूपचारो हि नाम मुख्यनिबन्धनः स कथमसति मुख्ये भवेत्। मुख्यञ्च भिन्नविशेषणं दण्ड्यादिवत्। अभिन्नविशेष-(5)णत्वे मौली व्यवस्थितिः भवतस्तु पूर्वपूर्वकल्पनाकृतविशेषणयोगादभिन्नविशेषणत्वेनमुख्यत्वं क्वचिदिति नोपचारसंभवः। भिन्नविशे (5) षणं मुख्यमित्येव कृतः। अभिन्नविशेषणमपि कल्पनाकृतभिन्नविशेषणमत्यन्ताभ्यासात् रूढिमुपगतं मुख्यमेव।

बुद्धेहस्खलिता वृत्ति मुख्यारोपित (7) योः सदा
सिंहे माणवके तद्वद्घोषणाप्यस्ति लौकिकी ॥[3]

---

1. प्र० वा० 1/95
2. तत्रैव 1/96-98
3. प्र० वा० 2/36

इति वचनात्। अस्खलन् गतिप्रत्ययविषयो हि मुख्यः तदपरस्तु गौण इति किन्न पर्याप्तम्। यदि विशेष-(8)-णमपरं नास्ति विशेष्यमेव तर्हि सर्वत्र वाच्यम्। इत्यभिन्नार्थता पर्यायता रूपाभेदेन सामानाधिकरण्यं भिन्नविषयत्वे हि तद्भवति न बुद्धय एव हि स्व वास-(9)-नानुरोधादुपजायमाना भेदाभेद-सामानाधिकरण्यादिव्यवहारमुपरचयन्ति न पर्यायतादिप्रसङ्गः अनर्थान्त-रत्वेऽपि दृश्यन्ते अपर्याया अकर्म्म-(4 B VI-1)-द्रव्यम्, अद्रव्यं कर्म्मेति प्रभृतयो व्यपदेशाः। तत्र किं व्यावृत्तिभेद एव निबन्धनं नापरः प्रवृत्तिनिमित्त-भेदः गौः शुक्लो गौः शब्दत्वमिति। पुनः

व्यतिरेकीव यच्चापि सूच्यते भाववाचिभिः।
संख्यादितद्वतः शब्दैस्तद्धर्मान्तिरभेदकम्[1] ॥

श्रुतिस्तन्मात्रजिज्ञासोरनाक्षिप्ताखिलापरा।
भिन्नधर्ममिवाचष्टे योगोऽङ्गुल्या इव क्वचित्॥

युक्ताङ्गुलोति सर्वेषामक्षिपात् धर्मवाचिनीं।
ख्यातं कार्थाभिधानेऽपि तथाविहितसंस्थितिः[2] ॥

गौरिति तदेकाकारपरामर्शयोगी सकल एव पदार्थ उच्यते। शुक्ल इति तदेकदेशः परामर्शान्तरयोगिनी च वर्तमाना व्यतिरेकश्च अन्वयव्यतिरे-(4) काभ्यां अपोवृतः। ततस्तस्य गौः शुक्लो गुण इति व्यतिरेकविभक्तिस्तद्यथा "शिलापुत्रकस्य शरीरं राहोः शिरः"। यदा च गवाकारावग्रहो नास्ति शुक्लत्वमेव केवलमुपलभ्य-(5)-ते सम्बन्धिविशेषरहितम्। तदा प्रश्नयति कस्येदं शुक्लत्वमिति तदापूर्वदर्शनात् अवधृतगोस्वभावो निर्दिशति गौरिति तादात्म्यसम्बन्ध एवास्य विवक्षितो-(6)-व्यतिरेकस्तु कल्पकप्रवलस्य प्रथमं निश्चयात्। यदा तु केवलेनानेन भवितव्यं यदि नाम विशेषोपलक्षणमन्दता मन्दलोचनानां तथापि शुक्लेनानेन गवान्येन भ-(7) वितव्यमिति प्रश्नयति। कोऽयं शुक्लो गौरन्यो वेति तदा प्रतिवचनं गौरिति। **समानाधिकरणतया तदन्तर्भावेनैव प्रश्नभावात्। तदनुरूपमेव प्रतिवचनं मूकं अयञ्च तत्त्वार्थः।**

---

1. प्र० वा० 1/99
2. प्र० वा 1/100-101

अन्वयव्यतिरेकाभ्यां व्यतिरेकविनिश्चये ।
विशेषलक्षणाभावे कुतश्चित् कारणादपि ।।
अयं शक्लो णुणोऽश्वस्य प्रतिवाक्यं विपश्चितात ।
प्रश्नस्य व्यतिरेकित्वात् [9] तथैवेत्यत्र निश्चयः (निर्णयः)

यदा त्वव्यतिरेकेण विशेषान्तर्गमे सति ।
प्रमाणवृत्तमालोच्य प्रश्नः प्रश्नयितुर्भवेत् ।।

तदाविदिततद्भाव उत्तरं तादृशेव सः ।
दातान्यप्रक्र-[10]-मस्यात्र नैवावसरसम्भवः ।
प्रत्यक्षभेदमालोच्य न भेदस्य विनिश्चयः ।।

न मूलमनुमानस्याभेदस्यासम्भवो मतः ।
अन्वयव्यतिरे-[4A VII]-कौ तु यदानादी व्यवस्थितौ ।
तदा भेदस्य सद्भावात् व्यवहारस्तथैव सः ।
अनादिव्यवहारोऽयं एवमेव जराङ्गतः ।
वस्तुचिन्ता तु लोकस्य नेति भेदो न बाध्यते ।

एवमपि द्रव्याभावे घटस्य (2) रूपं रूपस्य रूपमिति वत् स्यात् तद्व्यतिरिक्तस्याभावात् न ।

रूपादि शक्तिभेदानां अनाक्षेपेण वर्तते ।
तत्समानफलाहेतुव्यवच्छेदघटश्रुतिः ।।

अतो न रूपं घट इत्येकाधिकरणा श्रुतिः ।
भेदोऽयमीदृशो जाति समुदायाभिधायिनोः ।।

रूपादयो घटस्येति तत्सामान्योपसर्जनात् ।
तच्छक्ति भेदाः ख्याप्यन्ते वाच्योऽप्यन्यो दिशानया[1] ।।

ननु समासकृत्तद्धितेषु सम्वन्धा-(4)-भिधानमन्यत्र रूढि अभिन्नरूपाऽव्यभिचरित सम्बन्धेभ्यः । यथा राजपुरुषत्वं कारकत्वमौपगवत्वमिति स्वस्वामिस्वक्रियाकारकापत्यापत्यवत्सम्बन्धाः । अस्यापवादः । (5) समासाद्रूढात्कृष्णसर्पत्वम्, कृतसमरत्वं तद्धितात् हस्तित्वम् अत्र जातिमात्रमुच्यते न

---

1. प्र॰ वा॰ 1/102-104

सम्बन्धः, तद्धितादभिन्नरूपाच्छुक्लत्वं मत्वर्थीयान्तोपि प्रकृत्या तुल्यरूपत्वात् । अ (6) त्रापि गुण एवाभिधीयते । कृदन्तोऽव्यभिचरितसम्बन्धः सदिति न सत्तां पदार्थो व्यभिचरति तेन स एव सम्बन्धो वाच्य इति शाब्दव्यायात् । कथं पाचकपाचकत्वयोरेक एवार्थ इति चेत् न क्रियासमवाययोर्निराकृतत्वात, कल्पनाकृतभेदेऽपि तादात्म्याक्षतेः, किमनुपपन्नं नाम व्यावृत्तिव्यावृत्त-शब्दयोरेकार्थत्वेन तेनान्यापोह वि (8) षये तद्वत्पक्षोपवर्तलूनम् ।

'प्रत्याख्यातं पृथक्त्वेहि स्याद्दोषो जातितद्वतोः'[1] ।
तद्वतो ना स्वतन्त्रत्वात् अस्यायमर्थः ।

एवमिति सच्छब्दो जातिस्वरूपमात्रोपसर्जनं द्रव्यमा (9) ह । न साक्षा-दिति तद्भूतघटादिभेदानाक्षेपात् । स एवातद्भेदत्वे सामानाधिकरण्याभाव न ह्यसत्यां व्याप्तौ सामानाधिकरण्यमस्ति । तद्यथा शुक्लशब्देन स्वाभिधेय-गुण (10) मात्रविशिष्टद्रव्याभिधानात् । सतामपि द्रव्यमधुरादीनामना-क्षेपस्ततश्चातद्भेदत्वमेवमन्यत्रापि प्रसङ्गः । जातिश्च स्वरूपञ्च शब्दस्य च उपसर्जनं द्रव्यमुक्तं न (4B VII 1) तद्वत् घटादिभेदस्तदुभयव्यवधिना पार-तन्त्र्यं ततश्चन घटत्वादीनाक्षिपति । घटत्वयोगाच्च, सत्ताश्रयो घटो भवति । स्वतः यथा रूपशब्देनानाक्षिप्तैर्म्मधुरादिभिन्नसामानाधिकरण्यं शुक्लमम्बुमिति तद्वत् पक्षोपवन्दनं तत्प्रत्याख्यातमित्याचार्यवचनै भाष्यकार व्याख्याने च प्रचरति । कथमयमनुचितचिन्ताचमत्कारित्वात् समुचितचेता भ्रणितवान् ।

"न च निवृत्तिमात्रप्रतिभासेऽपि प्रवृत्तिसम्भवः, न ह्यघटो नास्तीत्येव घटार्थी प्रवर्तते अपि घटोऽस्तीत्यादि"[2] यतोऽघटो नास्तीत्यन्यनिवृत्तिर्घटो वास्तीति अघटादन्य इहास्तीति अघटलक्षणा-(4)-न्यव्यावृत्त इत्येक एवार्थः । घटाकारघटितघोषोन्मीषितमनीषाया एव घटविशेषे अप्रतिष्ठितायाः अघट-व्यावृत्तघटे प्रवृत्तिनिमित्तत्वेन निरूपणात् । तत्प-(5)-रिच्छिनत्ति ततोऽन्य-व्यवच्छिनत्ति तृतीयप्रकाराभावञ्च सूचयति इत्येकप्रमाणव्यापार एषः ।

तेन अघटस्यैव निवृत्तिरिति प्रतीतौ नायं दोष इति चेत्, घटनिवृत्य-प्रतिक्षेपे नियमस्यैवासिद्धेः । तत्प्रक्षेपे तु कस्ततोऽन्यो विधिः, निषेधप्रतिक्षेपस्यैव

---

1. प्र० वा० 3/64
2. आ० त० वि० पृ० 113 ह० 12

विधित्वात्[1] इति विवक्षितमेवोद्योतितम्। यतो घट सारूप्यस्फुरणादेवं तदितरनिराकरणं, तदनुपलम्भरूपत्वा दिति कथितमेवं प्रथमं बाधकप्रत्यया-दुत्तरसमयसम्भविनः पुनस्तदलीकत्वकल्पनमेकेषाम्।

यत्पुनरुच्यते—स्वरूपभेद ए (8) वान्यापोहोऽन्यापोढरूपत्वाद्विधिरिति चेत् न अलौकपक्षे तदभावात् तस्य स्वरूपविधावनलीकत्वप्रसङ्गात्। स्व-लक्षणस्य विकल्पानारोहादिति[2]—तदप्येतेन दूषितम्-(9) घटसारूप्यस्फुरणे-नाघटनिवृत्तस्थूलमूलवस्तुविधिरविभूत एव बुद्ध्याप्यवसीयते तदूर्ध्वं ध्वंसते बाधकादिति कोऽपराधः प्रथमबोधस्य प्रथमबोधापेक्षया(10) च इदमुदीर्यते त्वया विकल्पे स्वलक्षणानारोहादिति न सङ्गतं सजातीयविजातीयव्यावृत्त-प्रतिष्ठितघटाकारपटु [4AVIII-1] प्रत्यक्षापेक्षया वस्तु स्वलक्षणमुच्यते। तदेव वस्तुविजातीयव्यावृत्तमुल्लिखता विकल्पेन समारूप्यवशात् सामा-य-लक्षणमध्यवसायं विकल्पमित्युच्यते—तदपि स्थूलमूलस्वरूप [2] स्पर्शाद्यति-रिक्तजात्यादिपदार्थानुपलम्भात्, भेदे च घटादिकमिदानीमेवंविधमध्यवसीयते, इत्यर्थमभिसंधाय विकल्पे स्वलक्षणमेतत्[3] व्यावृत्तमाभातीत्युच्यते। उभयतो व्यावृत्तस्य हितदेकसमादपि तस्य व्यवच्छेदोऽस्तीति न ह्यनीलमुत्पलं न भवतीति भण्यते। तथा चोक्तम्:—

यथोक्तविपरीतं यत् तत्स्वलक्षणमुच्यते।
सामान्यं त्रिविधं तच्च भावाभवोभयाश्रयम्[4]॥
यदि भावाश्रयं ज्ञानं भावो भावानुरोधतः।
नोक्तोत्तरत्वात्दृष्टत्वात्, अतीतादिषु चान्यथा।
भावधर्मत्वहानिश्चेद्भावग्रहणपूर्वकम्।
तज्ज्ञानमित्यदोषोऽयं मेयं त्वेकं स्वललणम्॥
तस्य स्वपर रूपाभ्यां गतेर्मेयद्वयं मतम्।[5]

विधिरपि विधिरूपतायामविधि धर्मत्वं व्यवच्छिन्नस्वभावमपेक्षमाणः कथं [6] न सापेक्षः।

---

1. वही पृ० 114 पं० 2
2. वही पृ० 116
3. ज्ञान श्री मित्र० नि० पृ० 205
4. आ० त० वि० पृ० 116
5. प्र० वा० 2/51-54

"ततः प्रतीतावितरेतराश्रयत्वमुक्तं सङ्केतेसञ्चार्य यत्परिहृतं **ज्ञानश्रिया** तदेतत् ग्राम्यजनधन्धीकरणं गोलकादिवत्, स्थानान्तरसञ्चारान्[1]" इति **मित्रपादान्** प्रति उपालम्भो न शक्यः विधिस्फुरणस्यैव स्वीकारात् स च विधिः शब्दात् प्रतीयमानः संकेतानुसारेण प्रत्येतव्यः, संकेतश्च नाप्रतीतेऽर्थे तस्मात् [8] सङ्केते कथं सञ्चार्य परिहृतः परस्पराश्रयदोषः। तथा चोक्तम्

अवृक्षव्यतिरेकेण वृक्षार्थग्रहणे द्वयम्।[2]
अन्योऽन्याश्रयमित्येकग्रहाभावे द्वयाग्रहः॥
संकेतासंभवस्तस्मादिति केचित्प्रचक्षते।
तेषामवृक्षास्संकेते व्यवच्छिन्ना न वा यदि॥
व्यवच्छिन्नाः कथं ज्ञाताः प्राग्वृक्षग्रहणादृते।
अनिराकरणे तेषां संकेते व्यवहारिणाम्॥
न स्यात्तत्परिहारेण प्रवृत्तिवृक्षदेशवत्।
अविधाय निषिध्यान्यत् प्रदर्श्यैकं पुरः स्थितम्॥
वृक्षोऽयमिति संकेतः, क्रियते तत् प्रतिपद्यते।
व्यवहारेऽपि [4B VIII-1] तेनायमदोषः इति चेत् तरुः॥
अयमप्यमेवेति प्रसङ्गो न निवर्तते।
एक प्रत्यवमर्शाख्ये ज्ञाने एकत्र हि स्थितः॥
प्रपत्ता तदतद्धेतूनर्थान् विभजतेस्वयम्।
तद्बुद्धिवर्तिनो भावान् भातो हेतुतया धियः॥
अहेतुरूप विकलानेकरूपानिव स्वयम्।
भेदेन प्रतिपद्येतेत्युक्तिर्भेदे नियुज्यते॥[3]

इदमेव परमसुभाषितामृतमपि च ते साधूरिति पिष्टं पिष्यते। [3] यत्पुनरती(ति)विशङ्करकलेव **मीलनादिधन** प्रत्ययादुद्भाषितम्। विध्यलीकमिति चेत्।"

"न व्याघातात्। किञ्चिदिति हि विध्यर्थो न किञ्चिदिति चालीकार्थः। अतद्रूपपरावृत्तिमात्रेणालीकत्वे स्वल[4]क्षणस्याप्यलीकत्वा-

---

1. आत्म० त० विं० 118 119
2. प्र० वा 3/114-121
3. आ० म० वि० पृ० 119

दिति (प्रसंगात्)।" तदपि कः स्पृशतु। यथातत्वमनवसायो यथाव-सायमतत्त्वात्। साम्वृतो विधिप्रत्यक्षप्रतिभासविधेरन्य एवायम्। ततश्च द्विविधो विधिः पारमा [5] र्थिको यस्यार्थस्य सन्निधाना सन्निधानाभ्यां ज्ञान-प्रतिभासभेदस्तत्स्वलक्षणं असाधारणं तत्त्वं वस्तुतः तदेव परमार्थसत् अर्थ-क्रियासामर्थ्यलक्षणत्वा [6] द्वस्तुनः। अन्यत्सामान्यलक्षणँ सोऽनुमानस्य विषयः ग्राह्यविषयभेदश्चायम्। अध्यवसेयविषयभेदस्तु तिर्यगूर्ध्वतात्मकानि यत्रोपयोगा तद्रूपपरावृ[7]त्तघटादिस्वभावः स्वलक्षणमेवैकतो व्यावृत्तमुच्यते उत्पलवत्।

नावस्तुरूपं तस्यैव तथासिद्धे प्रसाधनात्।
अन्यत्र नान्यसिद्धिश्चेत् न तस्यैव प्रसिद्धितः[1]॥

अयथाभि[8] निवेशेन द्वितीया भ्रान्तिरिष्यते।
गतिश्चेत्पररूपेण न च भ्रान्तेः प्रमाणता॥
अभिप्रायाविसंवादादपि भ्रान्तेः प्रमाणता।
गतिरप्यन्य था दृष्टा पक्षश्चायं [9] कृतोन्तरः॥[2]

प्रत्यक्षविकल्पे च घट एव स्फुरति केवलं एकत्र स्फुटतया अन्यत्रास्फुट-तया न च विशेषणभेदेन विशेष्यमपि भिद्यते। तेनोभयथापि घट एवा-[4A IX-1) यमुदयनाचार्यः (1) दृश्यविकल्प्यावर्थौ एकीकृत्य व्यव-हारप्रवृत्तिरिति व्याख्यातारम्भ अलीकानलीकत्वादियथारुचि रचयन्ति न व्यवहर्तारः इति पुरुषद्वयापेक्षया पि तु ज्ञानस्य स्वाकारवशाद्ग्रहणं [2] साधारणमेव। अन्यथा हि बाधकप्रत्ययबलात् अलीकाकारविकल्पचलनादेव तथात्व कथं स्थाप्यं तदर्थाकारत्वञ्च। अथ ग्रहणनिबन्धनं प्रत्यक्षेतरयोः समानम्। परस्तु पारमार्थि [3] कः शब्दज्ञानगृहीतो च इति मन्यते तेन तद-भिमानस्थलोऽयं बाधकावतारः तदेवमुभयतो व्यावृत्तघटाकारं ज्ञानग्राह्यं ग्रहणमेकतो व्यावृत्ताकारं ज्ञानं ग्रहणम् [4]ध्यवसाय इति प्रतीतिद्वयव्यवस्था। अविद्यमानेऽप्यर्थेऽनुभवाविद्यावासनावशगविकल्पाकारवशात् ग्रहणमत्रारोपणं तद्विषयश्चारोपित उच्यते। स च विधिरपि प्रतीत्यर्थो [5] पि न सम्भवति; विकल्पे स्वलक्षणस्यान्यव्यावृत्ततया संस्पर्शात् विरोधात् उभयतो व्यावृत्त-

---

1. प्र० वा० 2/80
2. प्र० वा० 2/55-56

स्यापि घटस्य विजातीयव्यावृत्तघटमात्रग्रहणात् सजातीयभे-[5]-दग्रहण सामर्थ्यात् । न च स्वलक्षणस्य भावनाविधित्वपरिहारेण स्फुरणम । न चाली-कमप्यलीकत्वेन तेनैव ज्ञानेन गृह्यते,

'अप्रमाणाणामपि स्वार्थे प्रमाणमिव लक्ष्यते[1]' इति न्यायात् ।

उभयोरापि ग्राहकविकल्पआस्थाकारविलासात्[2] प्रकारान्तत्वेणा-प्रथनाम् प्रथमा न रूपसम्भववाच्यकाल्पनिकस्याप्यंश(8) भावस्यात एव न मूलो निष्ठुरन्यायक्षणरप्रहार प्रत्याशापरस्य ।

अन्यापोहलक्षणशब्दार्थे जातिधर्म्मापि कल्प्यमाना एकत्वनित्यत्व नित्यत्वप्रत्येकपरिसमाप्तत्वलक्षणा व्य-[9]-वतिष्ठन्ते । अभेदाश्रया विच्छेदात् कश्चार्थ (तेनार्थ) प्रतीतेश्च । तथाहि ।

याप्यभेदानुगा बुद्धिः काचिद्वस्तुद्वयेक्षणे
संकेतेन विनासार्थ प्रत्या10सत्तिनिबन्धना ॥
प्रत्यासत्तिर्विना जात्या यथेष्टा चक्षुरादिषु ।
ज्ञानकार्येषु जातिर्वा यथान्वेति विभागत्ः[3] ।

यथा तावदभेदप्रत्ययजननसामग्री यदुतार्थमेकं श्रावणेयं अव(4Bix-1)लोवय द्वितीयं चाकलेयं अन्यं वा गोव्यक्तिभेदमवधारयन्न भिन्नप्रत्ययवान् भवति अयमपि गौरयमपि गौरिति अपरापरालोकने च वर्धमाना भिन्नवुद्धित्वाद्वर्धमा (२) नं सामान्यमाम्नायते अभेदश्च गोपिण्डमण्डलानां खण्डमुण्डादिभेदेऽपि विजातीयमात्राभिन्नार्थप्रतीतेः । पदार्थनामेव धर्म्मः सजातीयादपि विशेषप्रतीतौ भेद प्रतीतिरिति व्यवहारः समस्तगोपिण्डमण्डलप्रध्वंसाभावान्, कालाकलाकलापकलमान्नित्यत्वमपि विजातीयापोहपदार्थस्य सर्वात्मना च प्रत्येकमन्यापोढ (4) प्रत्यय ढौकनात् । प्रत्येकपरिसमाप्तिः सुदृढा अलीकत्वञ्च अस्य बाधकाधीनमिति, तदपेक्षयापि यदमुना प्रतीतं तदातदन्यथाकर्तुमशक्यं अलीककल्पनया वस्तुप्रतिबद्ध (5) मेतत् नभवति प्रत्यक्षप्रतिभासवत्, तदभावेऽपि स्मरणवदस्योत्पतिरित्येव स्यात्, यत्रतु प्रतिबद्धा व्यवसायप्रसवस्तत्र भाविकत्वमेवालीकत्वेऽप्याकारस्यापोढत्व-

1. Cf त० सं० कारिका 2912 अप्रमाणं पुनः क्ष्वार्थे प्रमाणमिव हि स्थितम् ।
2. Cf आ० त० वि० पृ०, 121, प० 3 उभयोरपि निरंशतया प्रकारान्तरमुपादायाप्रथनात् प्रथमानरूपासंभवाच्च काल्पनिकस्यांशशिभावस्यात एव मूले एव निहतः कुठारः ।
3. प्र० वा० 2/46-47

(6)-स्य भावेपि बाह्ये भावात् अन्योपोढत्वमेवानुगमः, स च वास्तवोऽपि सम्वादात् काल्पनिको पि कल्पना बुद्धौ विवर्तनात्। नहि क्षणिकाबुद्धि-रननुगमावा बाह्यपदार्था (7) गममक्षिकत्वं वा प्रत्येतु अक्षमास्मरणवत्, यथा हि स्मरणमनतीतमपि स्वयमतीतत्वं स्मरति तथेदमपि आरोपितस्तूच्यते, यच्च पदार्थो विकल्पारूढग्राह्याकारप्रतिभासाद्गहीतः स आरोपित उच्यते, यथा बाह्यार्थाभावेऽपि संनिधानेऽसंनिधाने वा शीतार्तेन वह्निश्चिन्तितस्तत्र वह्निरुभयव्यावृत्तो नास्ति विजातीयव्यावृत्तस्त्वास्ति चिन्ता सा-(9)-रूप्यवशात् प्रतीतः स आरोपित उच्यते असत्व्यापीत्यपि बाधकप्रत्ययवशेन तथात्वावस्थाभेदाग्रहोऽपि विजातीयभेदप्रतीते सजातीयाद्भेदग्रहणसामर्थ्यम्।

(5 A 1) तेनेवं निरस्तं "साधारणं च रुपं विकल्पगोचरः, न चालीकं तथा भवितुमर्हति। तस्य हि देशकालानुगमो न स्वाभाविकः, तुच्छरूपत्वात्। न काल्पनिकः तस्याक्षणिकत्वात्। नारोपितः अन्यत्रा(२)ध्यप्रसिद्धेः[1]।

भेदाग्रहादेकत्वमात्रमनुसन्धीयत इति चेत् न भाविकस्यभेदस्याभावात्, भावे वा काल्पनिकत्वस्य व्याघातात्। परमार्थासतः परमार्था-भेदपर्यवसायित्वात्। आरोपितस्याग्रहानुपपत्तेः अभेदारोपानवकाशाच्च। आरोपितासत्त्वस्य परमार्थसत्वेप्रसङ्गम् चतुःकोटिविनिर्मुक्तस्यातिप्रसञ्जकत्वात्। तदग्रहस्य त्रैलोक्येऽपि सुलभत्वात्[2]।

अन्यत्रापि पारमार्थिकभेदप्रतीतो कथमभेद आरोप्यतामिति चेत् एवं तर्हि यस्य प्रतिभासे यन्नारोप्यते नियमेन तस्यैवाप्रकाशे तदारोप्यं न त्वेव-न्नाममात्रकस्यातिप्रसञ्जकत्वात्। अत एव न व्यधिकरणस्यापि सतोऽसतो वा भेदस्याग्रहोऽभेदारोपोपयोगीति[3]।

टीकाकारमतमवगम्य किमव वलयितभव अनेन तन्मते (6) किलारोपो नाम साधर्म्यंदृगपेक्षः क्वचि त् कस्यचिदुपचारो रजतस्यैव शुक्तौ विवाक्षितः। ततोऽयं कुग्रामवास्तव्य बटुजव्यपेतव्यः। जल्पनीयमनल्पं प (7) र्यन्ते किमपि भविष्यति लब्धं तावत् ग्रन्थकारयशः इत्याशयेनाभिहितवान्। 'नापि-न्यायादपोहसिद्धितदभावादित्याद्यपि प्रतिविहितम्[4]।

---

1. आ० त० वि०, पृ० 122-123
2. शा० न० वि० पृ० 124
3. धर्मोत्तर 3 आ० त० वि० 125-128
4. आ० त० वि० पृ० 125-128

यत्पुनर्भावाभाव-(8)-साधारण्यं विकल्पितं न तावत् उभयरूपत्वं विरोधात्। न तद्धर्मत्वम् अनभ्युपगमात्। नहि गोत्वमभावस्यापि धर्म इत्यभ्युपगम्यते। न तद्धर्मित्वम्, अनेकान्तात्। व्यक्ति(9)रपि हि भावाभाव॰ शालिनी न निषेधैकरूपेति। न तदुभयसादृश्यमसम्भवात्। अतन्निवृत्त्यैव तथात्वे साध्याविशेषात्। नाप्यस्ति नास्ति सामानाधिकरण्यं वि (10) रोधादन्यथा सिद्धेश्च। नहि यदस्ति तन्नास्तीति प्रत्ययगोचरः स्यात्। प्रकारान्तरमाश्रित्य स्यादेवेति चेत् एवं तर्हि तमेव प्रकारभेदमुपादाय विधिव्यवस्था (5 B I-1) यां को विरोधः येन प्रतिबन्धः सिद्धयेत्। "तस्य विधिरूपतायामस्तिना किमधिकमुपनेयमिति चेत् निषेधरूपत्वेऽपि किमधिकमपनेयमिति समानम्। अत एव साधारण्यमिति चेत् तथापि किमेतदुभयात्मकमुभयपरिहारो वेति अशक्यमेतत्। तस्मादस्तिनास्तिभ्यामुपाध्यन्तरोपसंप्राप्तिः प्राप्तोपाधि नियमो वेति सार्थकत्वं तयोः। तदेतद्विधावपि तुल्यम्। शान्ता (3) शेषविशेषत्वादलीकपक्षे क्वोपाध्यन्तरविधिस्तन्नियमो-वेति विशेषदोषः। ततो गोशब्दो गोत्वविशिष्टव्यक्तिमायाभिधायी पर्यवसितः। तास्तु विप्रकीर्णदेशकालतयार्थक्रिया (4) थिप्रार्थनामनुभवितुमीशत इति प्रतिपत्ता विशेषाकांक्षः। सा च तस्याकांक्षाऽस्ति गोष्ठे कालाक्षी धनुर्घटोध्नी-महाघण्टानन्दिनीन्यादिभिर्नियामकै विधायकैर्वा निवार्यत इति (5) विधौ न कश्चिद्दोषः[1]। इति। तदपि निर्लक्षणशरमोक्षप्रख्यामीक्ष्यते। तथाहि वृक्ष, शब्देन बृक्षविधिरेव कृतः, सतुविधिर्यथा प्रत्यक्षेण अनुपालम्भात्मना वा तेन (6) प्रतिषेधः क्रियमाणः शक्यते नैवास्ति नास्तिशब्दाभ्यां सम्बद्धमस्ति नियतत्वात् नास्ति नियतत्वादेव वा तथा किमयं शब्दो विधिः 'आभ्यां पदाभ्यां सम्बद्धं योग्यं (7)उपदर्श्यते'। तथा चेदस्ति नास्ति पदसम्बन्ध-साधारण उपदर्शितः। तत् साधारणञ्चावृक्षव्यावृत्तं वा वृक्षार्थविधायितया तथाभूतश्चार्थः बाह्यपदार्थस्य (8) अभावनियतस्य भावनियतस्य वा सजातीयव्यावृत्तया तथाख्यातस्यानेन तथाख्यानाभावात्। स च शब्दार्थः साधारणो वा भावाभावयोर्दृष्टत्वात् साधारणं तु (1) को यथा नित्यानित्ययोर्दृष्टत्वात्, प्रमेयत्वं वस्तुत्वं वा साधारणमुक्तं तद्वत्। ननु भावाभावा-

1. मी॰ श्लो॰ प्रत्यक्ष 152

त्मकत्वादुभयसाधारणः शेषमपि कल्पनं अफलमन्यथैव विवक्षितत्वात् । सर्वस्यैव हि धर्मरूपस्य शाब्दस्य तादृशधर्म्मद्वये दृष्टत्वात् । साधारण्यमाबालमवगतम् । तथाहि ।

आविर्भावतिरोभाव धर्म्मकेष्वनुयायिवत् ।
तद्धर्म्मि5A1I·1यत्रवाबुद्धिः,ज्ञानं) प्राग्धर्मग्रहणाद्भवेत् ॥

इति भट्टमतम् ।

एकं धर्मिणमुदृिश्य नानाधर्मसमाश्रयम् ।
विधात्रेकस्य तद्भाजमिवान्येषामुपेक्षकम् ॥
निषेधे तद्विविक्तञ्च तदन्येषामपेक्षकम् ।
व्यवहारमसत्यार्थं प्रकल्पयति धीर्यथा ॥
तं तथेवाविकल्पार्थं भेदाश्रयमुपागताः ।
अनादिवासनोद्भूतं धावन्तेऽर्थं न लौकिकम् ॥
तत्फलोऽतत्फलश्चार्यो भिन्न एकस्ततस्ततः ।
तैस्तै रुपप्लवैर्नीतसञ्चयापचयैरिव ॥
दृष्टि भेदाश्रयैस्तेऽपि तस्मादज्ञातविपलवाः[1] ॥
इति सिद्धान्ततत्वमाचार्यीयमादावेव लिखितम् ।

शब्देभ्यो यादृशीबुद्धिर्नष्टेऽनष्टेपि दृश्यते ।
तादृश्येव सदर्थानां नैतच्छोभादिचेतसाम्[2] ॥

भावाभावयोर्दर्शनाद्विकल्प प्रति (5) भासस्य साधारण्यमुक्तं पूर्वार्द्धेन । द्वितीयार्धेन अपरमार्थविषयत्वसाध्यधर्मभावेन साधनधर्मस्य भावाभाव-साधारण्यस्याभावो दर्शितः । श्रोत्रादि(6,चेतसि विपक्षधर्मिणि ततश्चायं प्रयोगः प्रजायते । यः प्रत्ययो यस्यार्थस्य भावाभावसाधारणप्रतिभासः स परमार्थतस्तद्विषयो न भवति । यथा (7) संशयप्रत्ययप्रतिभासः स्वार्थसम्मतः शर्कराद्यर्थभावाभावसाधारणप्रतिभासश्च शर्करादिविकल्पप्रतिभासः व्यतिरेकेण यः परमार्थतः (8) प्रत्ययो यद्विषयः स तस्यार्थस्यान्वयव्यतिरेका-वनुविधत्ते । यथा मधुरगान्धारध्वनिभावाभावानु विधायीश्रोत्रबोधः । शर्करा-लक्षणस्वार्थभावाभावा (9) नुविधायी च न भवति शर्कराविकलस्य प्रतिभासः परमार्थतस्तद्विषयत्वं तदुत्पत्तिसम्बधनिबंधनं दृष्टं श्रोत्रप्ररूप प्रत्ययप्रतिभासो यदि तदभावेपि (10) परमार्थतस्तद्विषयत्वं स्यात् । तदा

1. प्र० वा० 4/232-236
2. प्र० वा० 2/39

संशयविपर्यासप्रत्ययप्रतिभासस्यापि स्थात् न च तयोस्तथात्वमनुमन्यते प्रामाणिकेन नवालम्बनप्रत्ययत्वा (5 BII,1) भावादपरमतौ कारणं शक्यं कल्पयितुम् । यथा गो ज्ञानं तावत् विषयं अपरमपि च न युक्तम् ।

तच्च सामान्यविज्ञानमनुरुन्धन् विभाव्यते ।

नीलाद्याकारलेशो यः स तस्मिन्केन निर्मितः[1] ॥

इति यत् यत् प्रतिभासं विज्ञानं न भवति न तत्तद्विषयं व्यवहर्तव्यम् । यथा गो ज्ञानं अश्वविषयं न व्यवह्रियते वर्णकृत्यक्षराकाराभासं कल्पविज्ञानं, न वर्णकृत्यक्षराकारशून्यपरसम्मतसामान्यप्रतिभासं तद्विषयत्वं हि प्रतिभासत्वेन व्याप्तरूपाभासस्य रूपविषये दृष्टं रसे(4)चनोपनद्धं परमार्थत इति विशेषणात् सांवृतं न पार्यते । परमार्थश्च प्रतिष्ठितो भावस्वभावोऽर्थ-क्रियासमर्थः । प्रत्यक्षप्रतिभासितः सर्वव्यवहर्तॄणां हानोपादानसमी (5) हाविषयः प्रकाश्यते—

अर्थक्रियासमर्थं यत्तदेव परमार्थसत् ।

अन्यत् संवृतिसत् प्रोक्तं ते स्वसामान्यलक्षणे[2] । इत्यर्थः ।

तेनेदमसंलग्नम् '[3]तद्यदिगोविकल्पस्याश्वविषयत्वमेव तद्भावासाधारण्यं गव्यपि बाह्ये तथा, ततः साध्यविशिष्टत्वम्' ।

अरूपादिविशेषाकाऽङ्क्षा तदाऽसाधारण्यम्, नह्युदाहृतो गोविकल्पो-ऽश्वाइत्यादिविशेषमाकाङ्क्षति । नियमविधौ तु विरोध एव । न ह्यतद्विषयस्य तद्विशेषनियमाकाङ्क्षा नाम, गोज्ञानस्याश्वविशेष नियमऽ कांक्षाप्रसङ्गात् । तदीयसदसत्वानुपदर्शनं चेत् ततोऽसिद्धिर्दोषः । नहि गोविकल्पो गोस्वरूपं नोपदर्शयतीति मम कदापि सिद्धम्, तव चाद्यापि । उपाध्य(9)न्तरंचेदनेकान्तः । न हि यो यस्य उपाध्यन्तरं नोपदर्शयेत् नासौ तदपीतिनियमः[4]" इति ।

पुनश्चोक्तं कथं पूरेत अस्य अगोत्वव्यवच्छेदः, शब्दलिङ्गाभ्यां (10) प्रतिपाद्यते न विशेषः वस्तुस्वरूपयेवेति प्रमाणन्तरस्य शब्दान्तरस्य च वृत्तेः । तथाहि—

---

1. प्र० वा० 2/23
2. ज्ञा० नि० पृ० 210
3. प्र० वा० 2/3
4. आ० त० वि० पृ 131-32

   आ० त० वि० पृ० 130-132

एकस्यार्थस्वभावस्य प्रत्यक्षस्य च सतः स्वयम् ।

कोऽन्यो भावो न दृष्टः(5AIII-1)स्यात् यः प्रमाणैः परीक्ष्यते ।।[1]

सहि——प्रत्यक्षः प्रसिद्धो धर्मिणि साधनासम्भवात् । यथा प्रत्ययत्व-साध्ये शब्दस्तथा प्रत्यक्षेणैव सिद्धेः सर्वाकारसिद्धे तदन्यस्यऽ (2) सिद्धस्या-भावात्, भावे वा न तत्स्वभावत्वं नहि यत्......न भवति स तत्स्वभावोयुक्तः तन्मात्रनिबन्धनत्वात् भेदव्यवहारस्य । अन्यथा अभावप्रसंगादि(3) इत्युक्तम्, तस्मात्प्रत्यक्षेण धर्मिणि तत्स्वभावसाकल्यपरिच्छेदात् अत्रानवकाशः प्रमाणन्तरबुद्धिः स्यात् ।

"नो चेद्भ्रान्तिनिमित्तेन संयोज्येतः गुणान्तरम् :

'शुक्तौ वा रजताकारो रूपसाधर्म्यदर्शनात्[2] **।।**

यदि दृष्टसर्वतत्वस्यापि भ्राम्यद्धेतोः निश्चयप्रतिरोधिना भ्रान्तिनिमित्तेन गुणान्तरा न संयोज्येत, यथा शुक्तौ रजताकारो, न हि शुक्तौ ते[3] रूपे समानं विशिष्टञ्च तथाप्रतिपत्तिप्रसङ्गात् । अप्रतिपत्तौ वा विवेकेन त्वविकल्पा-योगान् अतिप्रसङ्गाच्च । तस्मात् पश्यन् शुक्तिरूपं च(6)विशिष्टमेव पश्यति निश्चयप्रत्ययवैकल्यात् ।

अनिश्चितं तव सामान्यं पश्यामीति मन्यते'

ततोऽस्य रजतसमारोपः तथा सदृशाऽर्थरोपि नोत्पत्ते(7)रलक्षिततनाना-त्वस्य भ्रान्तिसमारोपात् स्थितिभ्रान्ति याऽत्रन्तोऽस्य परभावा तावन्त एव यथास्वं निमित्तभाविनः सामारोपाइति तद्व्यवच्छेदकानि (8) भवन्ति प्रमाणानि सफलानि, तेषान्तु व्यवच्छेदफलानां तु ना प्रतीतवस्त्वंशप्रत्यायने प्रवृत्तिस्तस्य दृष्टत्वात् । फलांशस्य चैकदेशेन दर्शनायोगात् ।

[3]तस्मात् [1[दृष्टस्य भावस्य दृष्ट एवाखिलो गुणः ।

भ्रान्तेर्ननिश्चल इति साधनं सं प्रवर्तते ।।

वस्तु ग्रहेऽनुमानाच्च धर्मस्यैकस्य निश्चये ।

सर्वधर्मग्रहोऽपोहे नायं दोषः प्र [10] वर्तते[3] **।**

---

1. प्र० वा० 3/43
2. प्र० वा० 3/44
   गुणान्तराः
3. प्र० वा० 3/46-46

तस्मादपोहविषयं इति लिङ्गं प्रकीर्तितम् ।
अन्यथा धर्मिणः सिद्धौ किमतः साधकं परम् ॥[1]
क्वचिद्दृष्टेपियज्ज्ञानं [5B III-1] सामान्यार्थंविकल्पकम् ।
असमारोपितान्यंशे तन्मात्रापोहगोचरम् ॥[2]

निश्चितारोपमनसोऽर्थो बाध्यबाधकभावतः ।
समारोपविवेकेऽस्य प्रवृत्तिरिति गम्यते ॥
यावन्तोंश समारोपास्तन्निरासे विनिश्चयाः ।
तावन्त एव शब्दाश्च तेन ते भिन्नगोचराः ॥
अन्यथैकेन शब्देन व्याप्त एकत्र वस्तुनि ।
बुद्धया नान्यविषय इति पर्यायता भवेत् ॥

इति स्वमतमुपदर्श्य विषयम [3] परमोहहतये प्रोक्तम् ।

यस्यापि नानोपाधेर्धी ग्राहिकार्यस्य भेदिन- ।
नानोपाध्युपकाराङ्गं शक्त्यभिन्नात्मनो ग्रहे ॥
सर्वात्मनोहकार्यस्य को भेदः स्यादनिश्चितम् ।
तयोरात्मनि सम्बन्धादेक ज्ञापे द्वयग्रहः ॥

अत्मभूतस्योपाधेस्तद्वतोरूपकार्योपकारकभावस्य ग्रहणात् । एकज्ञाने द्वयोरपि ग्रहणमिति एकोपाधिविशिष्टेपि [4] तस्मिन् गृह्यमाणे सर्वोपाधीनां ग्रहणं तद्ग्रहणनान्तरीयकत्वादुपाधिकृद्ग्रहणस्य । अन्यथा तथा न गृह्येत । न ह्यन्यएवान्योपकारको यो न गृही[6] तः स्यात् । न चाप्यपकारके तथाऽगृहीते तदुपकार्याग्रहणं तस्याप्यग्रहणप्रसङ्गात् । तस्मादर्थान्तरोपाधिवादेऽपि समानः प्रसङ्गः ।

धर्मोपकारशक्तीनां भेदे तास्तस्य किं यदि ।
नोपकारस्ततः तासां तथा स्यादनवस्थितिः ॥
एकोपकारके ग्राह्ये नोपकारास्ततोऽपरे ।
दृष्टे तस्मिन्नदृष्टा ये तद्ग्रहे सकलग्रहः ॥[4]

---

1. प्र० वा० 47-57 नसिद्धं किमतः परं मूले
2. प्रकाशित पुस्तके—क्वचिन्सामान्यविषयँ दृष्टे ज्ञानमलिङ्गजम् ।
कथमन्यापोहविषयं तन्मात्रापोहगोचरम् ॥
3. प्र० वा० 3/52-53
4. प्र० वा० 3/54-55

इत्यनेन पारमार्थिकपारतन्त्र्य लक्षणोपाधिसम्बन्धयोन्यस्वभावाङ्गीकारे सकलगहः एकेनापि प्रमाणेन शब्देन वा प्रवृत्तेन स्यात् । यदा तु

भावे भाविनि तद्भावो भाव एव च भाविता ।
प्रसिद्धे हेतुफलते प्रत्यक्षानुपलम्भतः ॥
एतावन्मात्रतत्वार्थाः कार्यकारणगोचराः ।
विकल्पा दर्शयन्त्यर्थान् मिथ्यार्था घटितानिव ॥

[6A ɪV-1] P. 73 (L. 10) **भिन्ने का घटनाऽभिन्ने कार्यकारणतापि वा ।**
भावे ह्यन्यस्य विश्लिष्टौ श्लिष्टौ स्यातां कथं न तौ ॥
संयोगि समवाय्यादि सर्वमेतेन चिन्तितम् ।
अन्योऽन्यानुपकाराच्च न सम्बन्धी च तादृशः[2] **॥**

इति कल्पितोपकार्यपकारकभा [2] वे सम्बन्धेनायं प्रसङ्गः, केन हि कार्यापेक्ष्य पश्चात् कार्यकारणभावभाजं भावमकल्पमपि प्रत्यक्षमीक्षते येनायं प्रसङ्गः स्यात् । अत एवोक्तम् अपोहेनायं दोषः प्रसङ्गतइति । सूर्यवदेवा (सूर्यादेर्वा) विश्वोपकारिस्वभावे ग्रहे विश्वग्रहः [3] स्यात् । अत ए वाह –

'यदि भ्रान्तिनिवृत्त्यर्थं गृहीतेऽन्यदि[3]**ष्यते'**

स्यादेतन्निर्भागस्य वस्तुनो ग्रहे कोऽन्यस्तदा न गृहीतो नाम स तु भ्रान्त्या नावधार्यते इति प्रमाणान्तरं यद्येवं—तद्व्यवच्छेदविषयं सिद्धं तद्वत्ततोऽपरम् ।

तद्व्यच्छेद विषयं सिद्धं तद्वत्ततोऽपन्परम् ।
असमारोपविषये वृत्तेरपि च निश्चयैः ।[4]
यन्न निश्चीयते रूपं तत्तेषां विषयः कथम् ॥

यर्त्ताहि भ्रान्तिनिवृत्त्यर्थं प्रवृत्तं प्रमाणंअन्यस्य समारोपव्यवच्छेदफलमिति सिद्धमन्यापोहविषयं तद्वदन्यदपि अस [5] मारोपविषये वृत्तेः यत्रास्य समारोपो न तत्र निश्चय इति समारोपाभावे वर्तमानोऽन्यापोहविषयः सिद्धः, प्रत्यक्षन्तु प्रतिष्ठितप्रतिभासवशात् गृह्णीत पारतन्त्र्यादि स्वभावभ्रष्ठः [6] अकष्टेन अपर्कावितप्रकृतावद्यसंदोहमदेहमेवं समर्थयते ।

---

1. परी० कारिका सं० 16-19
2. प्र० वा० 3/56 पूर्वार्धं
3. वही 3/56 उत्तराधं
4. वही 3/57

प्रत्यक्षण गृहीतेऽपि विशेषेंशर्बाजते ।
यद्विशेषावसायेऽस्ति प्रत्ययः स प्रतीयते[1] ।।

इति विकल्पप्रत्ययहेतुश्चायं अभ्यास पा [7] टवा सन्ति तारतम्यादिः । यथा

परिव्राट्कामुकशुनामेकस्यां प्रमदा तनौ ।
कुणपः कामिनी भञ्जमिति तिस्रो विकल्पना ।।[2]

इत्यादि वर्तिककारदर्शिते प्रसङ्गे यन्निपुणमसृणमनीषया धर्म्मा [8] न न सर्पवदपविषविसर्पं स्फारफूत्कारप्रायं प्रलपितममुना लेखितुमपि (लिखितुमपि) उज्जामहे । महेश्वरप्रणतलब्धवर्णवर्णितत्वेन न प्रहसनाय प्रस्तूयते ।

उपाध्यन्तरं चेदनेकान्तः । न हि यो यस्य [9] उपाध्यन्तरं नोपदर्शयेत् नासौ तदपीति नियमः । ननु नियम एव, तथाहि यन्न यत्समेवतधर्मबोधनं न तत् तत्स्वरूपबोधनं यथा गोविकल्पशब्दौतुरगे । तथा च तौ गव्यपि नीलत्वा- [10] पेक्षयेति व्यापकानुपलब्धिः धर्मिबोधेऽपि कि धर्माणां कस्यचिद्बोधः कस्यचिदबोधश्चेत्युपकारभेदान्नियमः स्यात् । उपकारभेदश्च शक्तिभेदात् भवेत् । न [5B IV] चैव प्रकृते अनवस्थाप्रसङ्गात् । ततः शक्तेर्नभेदात् । उपकाराभेदे सर्वोपाधिसहितबोधोऽबोधोवेति द्वयी गतिरिति प्रतिबन्धसि द्धिः ।

दुष्प्रयुक्तमेतत्, उपाधिं प्रकल्प्य भेदे प्रतिनियतसामग्रीवोध्यत्वस्यापि स्वभाववैचित्र्यनिबन्धनत्वात्, तस्यापि स्वकारणाधीनत्वात्, तस्याप्यन्वयव्यति- रेकसिद्धत्वात् तस्यापि कार्योन्नेयत्वात् इति ।

यत्तु शक्तेरभेदादित्यादि, तत्तदा शोभेत यदि धर्मिमात्राधीनस्तद्बोध- मात्राधीनो वा, तावन्मात्रबोधसामग्र्यधीनो वा याबदुपाधिभेदबोधः स्यात्, न चैवम्[3] ।

यया [4] कयापि सामग्र्या ज्ञानमुत्पद्यतां तत् किं पारमार्थिकस्वरूप- द्वयनिष्ठोपकार्योपकारकभावभागिद्रव्यं दृष्टमिष्टं न वा, तेन ज्ञानेनयदि

---

1. प्र० वा० 3/58

2. आ० त० वि० पृ० 131.

3. आ० त० वि० पृ० 141-135

दृष्टं, सर्वात्मना उपाधिभिः सार्धम् । यद्यंशेनापोह वि [5] षयत्वस्य स्वीकृतमपारमार्थिकोपाध्यपकारयोग्यस्वभावत्वस्य भावस्यातद्व्यावृत्तिनिष्ठस्य तेन निरूपणात् निपुणं निरूपय तावत् । ग्राहकज्ञानापेक्षया प्रसङ्गे दत्ते के [6] शे स्पृष्ट शिरश्च नयसि सामग्र्या वैचित्र्यादिति ततः कि ज्ञानमेव सकलोपाधि उपकारयोग्यवस्तुस्वरूपमन्योन्यापेक्षं न लक्षयसि । वस्तुस्वरूपमेव चान्यथाकृत(7) स्वभाव एष ज्ञानस्य कृतस्तेन तत्पदार्थमेकोपाधिविशिष्टं निष्टंकयति । पर्यन्तविकल्पविश्वासे दन्तनिष्ठोषिकायाः किमेतदन्यत् । अन्यविकल्पालम्बने तु व्यक्तमेव प्रकृतदोषानतिक्र-(8)-मः कारकहेतुप्रसक्तिश्चेति यत्पुनरूपहास्य एवं उपहसति ।

एतेन[1] भेदाद्धर्मिणः प्रतीतावपि शब्दलिङ्गद्वारा धर्माणां भेदप्रतीतिरिन्द्रिय द्वारापि मा भूत् इत्यादिकं तु कर्णस्पर्शे कटिचालनमपास्तम् । तत्तदुपाध्युपलम्भसामग्रीविरहकाले प्रसञ्जितस्येष्टत्वात् । विचित्रशक्तित्वाच्च प्रमाणानां, लिङ्गस्य प्रसिद्धप्रतिबन्धप्रतिसन्धानशक्तिकत्वात्, शब्दस्य समयसीमविक्रमत्वात्, इन्द्रियस्य तु अर्थशक्तेरपेक्षणात् न तु सम्बद्धोऽर्थ इत्येवं प्रमाणैः प्रमाप्यते, अतिप्रस[2]ङ्गादिति—तदपि सम्यक् पूर्वविचारानतिक्रमात्, अपि च तदस्यपरिहारेण प्रवर्ततेति च ध्वनेः उच्यते । तेन ते (5A V, 1) स्यात् व्यवच्छेदे कथं च सत् शब्दस्तथायुक्तं अन्यच्च निष्परिहारेण प्रवर्ततेऽतिप्रसङ्गे, तत्रान्यत्र च प्रवृत्त्यनुज्ञायां तन्नामग्रहणवैयर्थ्यं सत् प्रवृत्तिनिवृत्यनुज्ञायाञ्च एकचोदना, ना (2) नात्व एतद्वचनमेव स्यात् व्यावृत्याख्याने तस्मादवश्यं शब्देन व्यवच्छेदश्चोदनीयः । स चाभिन्नस्तदन्ये व्यक्तिजातिधर्माप्यस्ति तन्नियतासूपगमं, नियतचोदनं जात्यर्थप्रसाधनञ्च, परित्य (3) ज्य अवान्तरपरिकल्पनं अनर्थनिर्बन्ध एव यथाकल्पनमस्यायोगात् । न वै व्यवच्छेदो न क्रियते, प्रवृत्तिविषयन्तु कथयन्ति जातिरूपा, व्यवच्छेदोऽस्ति भेदस्य नन्वेतावत्प्रयोजनं शब्दानामिति । (4) किं तदसामान्यो नापरेण वः । न जातिरर्थक्रियायोग्येति प्रवृत्तिविषयः । तद्द्वारेण चोदिते न प्रवृत्तिरपि प्रत्युक्ता, तद्वत् चोदने च व्यवधानं जातिवतोः प्रवृत्तिविषयत्वे व्यावृत्ति तच्चान्तो (5) किन्नेष्यते व्यावृत्तेरवस्तुत्वेनासाधनत्वाच्चेत् तत्तुल्यं जातेः तद्वत्साधनाददोष इति चेत् तुल्यं तद्व्यावृत्तिमतः अवस्तुग्राही च व्यावृत्तिवादिनां शब्दः प्रत्ययः सचिन्न-

1. आ० त० वि० पृ० 135
2. आ० त० वि० पृ० 136

मवजातजन्म कारकेऽपि कारकाव्यवसायी प्रवर्तयति, वस्तुसंवादस्तु वस्तूत्पत्त्या तत्प्रतिबन्धेसति भवति, अन्यथा नैवास्ति वस्तूत्पत्ते र्न भ्रान्तेरिति चेत् नातत् प्रतिसिद्धस्ततस्तदव्यवसायात्। मणिप्र [7] भायां मणिप्रभायां मणिभ्रान्ति-दर्शनेन व्यभिचाराच्च भ्रान्तेरवस्तुसंवाद इति चेत् न यथोक्तेनैव व्यभिचारात्। वितथप्रतिभासो हि भ्रान्तिलक्षणं तन्नान्तरीकतया संवादो न प्रतिभासा-(8) पेक्षी जातेर्ग्रहणमेवं भ्रान्तिग्रहणे वा न तत्र प्रवृत्तिरिति किं तेनान्यव्यावृत्ता च क्रियायोग्यनीलाद्यर्थाकारप्रत्ययप्रादुर्भावात्, तदुपनीतेऽन्यप्रवृत्ति निवृत्ती समञ्जस जन्मानो विनापि च सा (8) मान्येन प्रकृतिभिन्नेष्वपर्थेषु भेदे चेद-मिति प्रत्यभिज्ञानं यस्मात् :—

ज्ञानाद्यर्थक्रियाँ तां तां दृष्ट्वा भेदेऽपि कुर्वतः।
अर्थास्तदन्यविश्लेषविषयैर्ध्वनिभिः सह ॥
संयोज्यप्रत्यभिज्ञानं कुर्यादप्य[10]स्य दर्शने ॥[1]

भेदेऽपि प्रकृत्यैव चक्षुरादिवत् ज्ञानादिका अर्थक्रिया तथान्येषु पदार्थेषु तामेव अर्थक्रियामतद्रूपपरावृत्तेषु [5B V, 1] पश्यतोऽन्यावृत्तविषयत्व-विसंसृष्टं तदेवेदमिति स्वानुभववासनाप्रबोधेन संसृष्टभेदं मिथ्याज्ञानमा-(म) जायते, अन्यथा भेदसंसर्गवती बुद्धिः स्यात् दण्डिवत्। न ह्येकदण्डदर्शने-नान्यत्र स एवायमि (2) ति भवति, किं तर्हि, तदिहेति। न चैवं प्रत्यभिज्ञानं किं तदेवेदमिति, तन्न तदेकमनेकत्र पश्यतोपि भेदसंसर्गवत् मुक्तम्। विभ्रमव-शात्तु तथा ज्ञानेन विरोध: निमित्ताभावाद्विभ्रमो न मुक्त इति चेत् (3) त एव भावास्तदेकार्थकारिणोऽनुभवद्वारेण प्रकृत्या विभ्रमकलाया विकल्पवासनाया हेतुत्वान्निमित्तं। मरीचिकादिष्वपि हि जलादिभ्रान्तेस्तावेवाभिन्नाहार-परामर्शप्रत्ययनिमित्तानुभव (4)जननौ भावौ कारणं भिन्नावपि न हि तत्रान्य-देव किञ्चित्सामान्यमस्ति यत्तथा प्रतीयते। सत्त्वे वा सदर्थग्राहिणी बुद्धि-र्भ्रान्तिर्न स्यात्, अभूताकारसमारोपाद्भ्रान्तित्वे स एवाकारोऽस्या विषय:, (5) अविषयस्यानारोपात्। स चारोपोसामान्यमेककार्यकारिग्रहण इति निरर्थिकोत्पत्तिः यथावस्थितस्वभावग्रहासामर्थ्यं विकल्पानां स्वकारणप्रवृत्तेः स्वकार (6) णञ्च अविद्यावासनाऽपि केशविभ्रमस्येव तिमिरं तेन।

---

1. प्र० वा० 3/98, 99 पूर्वार्ध

अस्तीथमपि या त्वन्तरुपप्लवसमुद्भवा ।।[1]

दोषोद्भवा प्रकृत्या सा विनयप्रतिभासिनी ।,
अनपेक्षितसाधर्म्यंदृगादिस्तिमिरादिवत् ।।[2]

परस्यापि न सा बुद्धिः सामान्यादेव केवलात् ।[3]
नित्यं तन्मात्रविज्ञाते व्यक्त्यज्ञानप्रसङ्गतः ।[4]
एकवस्तुसहायाश्चेद्व्यक्तयो ज्ञानकारणम् ।[5]
तदेकं वस्तु किं तासां नानात्वं[4] समपोहति ।
नानात्वाच्चैकविज्ञानहेतुता तासु नेक्ष्यते ।।[6]
अथ वैकल्यं जननविरोधितेनतत्साहित्ये जननं चेत्
अनेकमपि यच्चैकमपेक्ष्याभिन्नबुद्धिकृत् ।
ताभिर्विनापि प्रत्येकं क्रियमाणां धियं प्रति ।।[7]
तेनैकेनापि सामर्थ्यं तासां नेत्यग्रहो धिया ।[8]

अथ यथा नीलादिषु एकापायेऽपि चक्षुर्विज्ञानं भवतीति न समूहेऽपि तेषाम-सामर्थ्यम् । तथेहापि प्रत्ये (10) कापाये भवतीति न सर्व्वदाऽसामर्थ्यम् । न,

नीलादेर्नेत्र-विज्ञाने पृथक्सामर्थ्यदर्शनात् ।[9]
शक्तिसिद्धिः समूहेऽपि नैवं व्यक्तेः कथञ्चन[10] ।।

[5A VI-1] न हि व्यक्तयः सामान्यरहिता अन्वयिज्ञानजनने दृष्टशक्तयः ततो न तास्तत्र समर्था इति न तेन गृह्येरन् ।

---

1. प्र०वा० 3/362, उत्तरार्ध
2. ,, 3/363
3. ,, 3/99 उत्तरार्ध
4. ,, 3/100 पूर्वार्ध
5 ,, 3/101 उत्तरार्ध
6. ,, 3/102,
7. प्र० वा० 3/103
8. प्र. वा. 3 104 पूर्वार्ध
9. प्र. वा. 3/104 उत्तरार्ध
10. प्र. बा. 3/105 पूर्वार्ध

तासामन्यतमापेक्ष्यं तच्चेच्छक्तं न केवलम्[1] ॥
तदेकमुपकुर्य्स्ताः कथमेकां धियञ्च न ।

पूर्वकसहकारिविचारात्सामान्यमुपकार्यमासां प्राप्तं सामान्यान्तरमिवापेक्षिणां क आसां प्रतिबन्धोधियमाधातुमेकान्तो हि तेन विनोत्पन्ना मिथ्या स्वविषयादृते । इति मिथ्या (2) त्वमाशङ्क्य मानसविवादा उक्तमेव बौद्धधियाम् । तथा

धर्मिणो नैकरूपस्य नेन्द्रियात्सर्वथा गतिः ।
स्वसंवेद्यमनिर्देश्यं रूपमिन्द्रियगोचरः[2] ॥
सर्वतो विनिवृत्तस्य विनिवृत्तिर्यतो यतः ।
तद्भेदोन्नीतभेदा सा धर्मिणोऽनेकरूपता ॥
ते कल्पिता रूपभेदा निर्विकल्पस्य चेतसः ।
न विचित्रस्य चित्राभाः कादाचित्कस्य गोचरः ॥
यद्यप्यस्ति सितत्वादि यादृगिन्द्रियगोचरः । [5]
न सोऽभिधीयते शब्दैर्ज्ञानयोरूपभेदतः ।
एकार्थत्वेऽपि बुद्धीनां नानाश्रयतया स चेत् ।
श्रोत्रादि चिन्त्तानीदानीं भिन्नार्थानीति तत्कुतः ॥
जातो नामाश्रयोऽन्योन्यः चेतसां तस्य वस्तुनः ।
एकस्यैव कुतो रूपं भिन्नाकारावभासितत् ॥[3]

चक्षुलिङ्गञ्च शब्दञ्चाश्रित्य यदि चित्राचित्राभासत्वंविकल्पनिर्विकल्पकचेतसोर्भवति । तर्हि तयोरेकविषयत्वं कथमस्तु परमार्थतः अथैकँ परमार्थविषयमपरं तिमिरकामलाबलादिव शुक्ले पीताद्याभासधायिनोऽविद्याद्यपरप्रत्ययादितः सर्वतो विनिवृत्तेऽखऽडात्मनि (8) विवक्षितार्थक्रियाहेतोप्रतिनियतान्यव्यावृत्तधर्म्मधर्मिभावलब्धखण्डत्वानर्थक्रियासमर्थप्रतिभासविकल्पकारिणः समुत्पन्नमपरमार्थविषयकारणं कारणभेदात् प्रति (9) भासभेदाच्च समर्थ्यतामित्युक्तौ क्लेदं सम्बध्यते ।

1. प्र. वा. 3/105-106 पूर्वार्ध
2. प्र० समुच्चय
3. प्र. वा. 231/-235

[1]"चित्राचित्रप्रतिभासाभ्यां मिथो विरुद्धाभ्यामेकनीलविषयाभ्यामनैकान्तात्। न हि चित्राध्यक्षे यन्नीलं चकास्ति तदेव वा पुरुषान्तरस्य येनाकारेणैकविषयत्वं तयो र्न तेनैव विरोधो, येन च विरोधो न तेनैकविषयत्वम्, धर्मान्तराकारेण विरोधो नीलमात्राकारेण चै [5B VI-1) कविषयतेति चेत्-नन्विहापि धर्मान्तराकारेण विरोधो गोत्ववत्पिण्डमात्राकारेण एकविषयतेति तावन्मात्रनिराकरणेऽसिद्धो हेतुः। पूर्वत्र सिद्धसाधनम्। न हि शाब्दलैङ्गिकविकल्पकाले देश (2) कालनियमादयोऽपि सर्व एव धर्मविशेषा विषयभावमासादयन्तीत्यभ्युपगच्छामः" निर्वाहभ्रंशरुपे न ह्यव्यक्तमुक्तवतो पि प्रमेयानुसरणेनानिस्तरणमेव भवतः धर्म्मिधर्मतया चित्रतेह विवक्षिता सा कथमनेकान्ता। चित्राभ्यां नीलाभ्यां तयौर्निर्विकल्पकं चेत् गौरर्थक्रियासमर्थप्रतिष्ठितं नीलप्रतिभासयोः विकल्पका नियतप्रतिभासविकल्पेन सह कथं सव्येतरनयनदृष्टवदेकविषयत्वं स्फुटास्फुटास्फुटमपि सन्निहितासन्निहिततया नीलस्य ग्रहणं तत्रासन्निहिततया देशकालाभ्यां विकल्पकमवैति देशादिसन्निहिततया निर्विकल्पकम्।

[2]दूरासन्नादि भेदेन व्यक्ताव्यक्तं न युज्यते।
तत्स्यादालोकभेदाच्चेत् तत्पिधानापिधानयोः॥
तुल्या दृष्टिरदृष्टिर्वा सूक्ष्मोंऽशस्तस्य कश्चन।
आलोकेन च मन्देन दृश्यतेऽतो भिदा यदि॥
एकत्वेऽर्थस्य वाह्यस्य दृश्यादृश्यभिदा कुतः।
अनेकत्वेऽणुशोभिन्ने दृश्यादृश्यभिदा कुतः।
मान्द्यपाटवभेदेन भासो बुद्धिभिदा यदि।
भिन्नेऽन्यस्मिनभिन्नस्य कुतो भेदेन भासनम् ::
मन्दं तदपि तेजः किमावृतेरिह सा न किम्।
तनुत्वं तेजसोऽप्येतदस्त्यन्यत्राप्यतानवम्॥
अत्यासन्ने च सुव्यक्तं तेजस्तत् स्यादतिस्फुटम्।
तत्राप्यदृष्टमाश्रित्य भवेद्रूपान्तरं यदि ?॥
अन्योऽन्यावरणात्तेषां स्यात्तेजो विहतिस्ततः :
तत्रैकमेव दृश्येत तस्यानावरणे सकृत्॥
पश्येत्स्फुटास्फुटं रूपमेकोऽदृष्टेन वारणे।
अर्थानर्थौ न येन स्तस्तददृष्टं करोति किम्॥

1. आ. त. वि० पृ. 138-140
2. प्र. वा. 2/408-415

अदृष्टं दृष्टं वा कारणं कल्प्यतामेवत्वे बाह्यस्य स्फुटास्फुटघटनापाटवापलापात्। प्रत्ययस्य प्रतिनियताकारितैव प्राप्तकाला। अन्यथा जय(10) पराजयादिव्यवस्थावादिनां विपर्यस्येत्। अदृष्टवशाज्जयः पराजयतया परिणतः पराजयो पि जयतयेति शक्यमभिधातुम्।

तस्मात्संवित् यथाहेतु जायमानार्थसंश्रयात्।
प्रतिभासभिदां धत्ते शेषाः कुमतिदुर्नयाः ॥

यथा "ननु धर्मिण्येव स्फुटास्फुटप्रतिभासभेदः न कथञ्चित्। यथा यथा हि धर्माः प्रतिभान्ति तथा तथा स्फुटार्थप्रतिभान[2] व्यवहार" इत्यादि, धर्म्मधर्म्मितया हि प्रतिभासनं देशकालाभ्यां असंनिहिततया कल्पनमस्फुटप्रतिभानमारोपितार्थत्वादित्यसकृदुक्तं परमार्थतस्तद्विषयता नेष्यते। साम्वृती तु जग(3)द्गीतास्त्येवातः परामर्शावतारः, तत्त्वदर्शिनः सम्वादोपि स्थूलपरामर्शिना तद्रूपपरावृत्तनीलविषयः, अवान्तरपरामर्शेन सजातीयपरावृत्तानेकनीलगोचरः सद्वस्तुत्वादयो (4)क्रियामात्रनिबन्धना व्यपदेशास्तस्यैव नीलस्य श्लिष्टाः स्वभावान्तरता स्पृशः तद्वारेणाप्यबाधनं गृहीतसम्बन्धानुसन्धानद्वारेण शब्दलिङ्गं लक्षिता प्रतीतिरुत्प्रेक्षाका-(5)-रतया परोक्षविषया अन्तसम्बन्धेन वा पुरोवर्तिनिवृत्तेर्व्यपरोक्षविषया न तयोरपि तत्वत एक विषयता सांवृतबोधस्वीकारे क्व प्रतीतिर्बाधानुपलम्भकुक्षौ (6) क्षिप्तत्वादुपाधिचक्रस्य न शक्यं शक्रस्यापि तद्द्वारेण संदिग्धानैकान्तिकत्वं कीर्तयितुम्।

ज्ञानमिन्द्रियभेदेन पटुमन्दाविलादिकाम्।
प्रतिभासभिदामर्थे विभ्रदेकत्र दृश्यते॥
अर्थस्याभिन्नरूपत्वात् एकरूपं भवेन्मनः।
सर्वं तदर्थमर्थाच्चेत् तस्य नास्ति तदाभता॥
अर्थाश्रयेणोद्भवतस्तद्रूपमनकुर्वतः।
तस्य केचिदंशेन परतोऽपि भिदाभवेत्॥[4]

---

1. प्र. वा. 2/416
2. प्र. वा. 2/414
3. आ० त० वि० पृ० 140
4. प्र. वा. 2/399-401

तथा ह्याश्रित्य पितरं तद्रूपोऽपि सुतः पितुः ।
भेदंकेनचिदंशेन कुतश्चिदवलम्बते ।।

मयूरचन्द्रकाकारं नीललोहितभास्वरम् ।
सम्पश्यन्ति प्रदीपादेर्मण्डलं मन्दचक्षुषः ।।

तस्य तद्बाह्यरूपत्वे का प्रसन्नेक्षणेऽक्षमा ।
भूतं पश्यंश्च तद्दर्शी कथं चोपहतेन्द्रियः ।।

शोधितं तिमिरेणास्य व्यक्तञ्चक्षुरतीन्द्रियम् ।
पश्यतोऽन्याक्षदृश्येऽर्थे तदव्यक्तं कथं पुनः ।।

आलोकाक्षमनस्कारादन्यस्यैकस्य गम्यते ।[1]
शक्तिर्हेतुस्ततो नान्योऽहेतुश्च विषयः कथम् ! ।।

इत्यन्यस्योपाधिग्रहस्य तद्वतो चानन्वयव्यतिरेकाध्यासात्, तत्कथं तद्द्वारेणापि प्रतिभासभेदो भावीति धर्मादुपाधीनामतिवि (5B VII-1) ज्ञानसद्भावात् ।

वस्तुधर्मतयैवार्थास्तादृग्विज्ञानकारणम् ।
भेदेऽपि यत्र तज्ज्ञानं तांस्तथा प्रतिपद्यते ।।

ज्ञानान्यपि तथा भेदेऽभेदप्रत्यवमर्शने ।
इत्यतत्कार्यविश्लेषस्यान्वयो नैकवस्तुनः ।।

वस्तूनां विद्यते तस्मात् तन्निष्ठा वस्तुनि श्रुतिः ।
बाह्यशक्तिव्यवच्छेदनिष्ठाभावेऽपि तच्छ्रुतिः ।।

विकल्पप्रतिबिम्बेषु तन्निष्ठेषु निबध्यते ।
ततोऽन्यापोहनिष्ठत्वादुक्तान्यापोहकृत्श्रुतिः ।।[2]

---

1. प्र. वा. 2/402-406
2. प्र. वा. 2/161-164

'बाह्य[1]शक्ति' इत्यादि श्लोकपूर्व्वभागः प्रमाणस्य बाधकस्य सूत्र [3] कः, 'विकल्प[2] प्रतिबिम्बेष्वित्यादि प्रकाश्य दृश्यविकल्पावर्थो एकीकृत्य व्यवहारप्रवृत्तेरित्येवमर्थः संकेतादिकारणस्य ।

व्यतिरेकीव यज्ज्ञाने भात्यर्थ प्रतिबिम्बकम् ।
शब्दात्तदपि नार्थात्मा भ्रान्तिः सा वासनोद्भवा ॥
तस्याभि धाने श्रुतिभिरर्थेकोंऽशोऽवगम्यते ।
तस्यागतौ च सङ्केतक्रियाव्यर्था तर्दाथका ॥
शब्दोऽर्थांश कमाहेति तत्रान्यापोह उच्याते ।
आकारः स च नार्थेऽस्ति तं वदन्नर्थभाक् कथम् ।
शब्दस्यान्वयिनः कार्यमर्थेनान्वयिना स च ।
अनन्वयी धियोऽभेदात् दर्शनाभ्यासनिर्मितः ॥
तद्रूपारोपगत्यान्यव्यावृत्ताधिगतेः पुनः ।
शब्दार्थोऽर्थः स एवेति वचने न विरुध्यते ॥[3]

इति बाधकप्रत्ययवशात् अतद्रूपव्यावृत्तविरोधेऽपि शब्दस्यार्थोऽपोह कथ्यते । स च विधि प्रतीत्यनन्तरं विधिगुणत्वेन प्रतिभाति । अन्वयव्यतिरेकाभ्यां लोकव्यवहार प्रवृत्तेः । यथा च तत्परिच्छिनत्ति इत्यादि [2]

क्वचिन्निवेशनायार्थे विनिवर्त्य कुतश्चन[4] ।
बुद्धेः प्रयुज्यते शब्दस्तदर्थस्यावधारणात् ।
व्यर्थोऽन्यथा प्रयोगः स्यात् तज्ज्ञेयादि पदेष्वपि ॥
व्यवहारोपनीतेषु व्यवच्छेदोऽस्ति कश्चन ।
निवेशनं च यो यस्मात् भिद्यते विनिवर्त्यतम् ।
तद्भेदे भिद्यमानानां समानाकारभासिनि ।
स चायमन्यव्यावृत्या गम्यते तस्य वस्तुनः ॥
कश्चित् भाग इति प्रोक्तो रूपं नास्यापि किञ्चन ।
तद्गतावेव शब्देभ्यो गम्यतेऽन्यनिवर्तनम् ॥
न तत्र गम्यते कश्चिद्विशिष्टः केनचित्परः ।

---

1. प्र० वा० 2/163 उत्तरार्ध
2. प्र० वा० 2/164 पूर्वार्ध
3. प्र० वा० 2/165-169
4. प्र० वा० 3/122, 126

न चापि शब्दो द्वयकृदन्योऽन्याभाव इत्यसौ ॥

अरूपोरूपवत्त्वेन दर्शनं बुद्धिविप्लवः ।[1]

इति व्यक्तमुक्तमपोहो व्यावृत्तिमात्रमुत्तरकालं शब्दार्थः प्रतीयते। प्रतीयत इति साध्वेवोक्तं

मित्रपादैः

शब्दैस्तावन्मुख्यमाख्यायतेऽर्थ,

स्तत्रापोहस्तद्गुणत्वेन गम्यः ।

अर्थश्चैकोऽध्यासतो भासतोऽन्यः,

[5AAVIII] **स्थाप्यो वाच्यस्तत्त्वतो नैव कश्चित् ॥[2]**

एतावत्यर्थे विवक्षिते स्वबोधवैधुर्यं बोधयन्नाह—

वर्णकृत्यक्षराकार शून्यंगोत्वं हिवर्ण्यते ॥

इति एतावत्यर्थे विवक्षिते स्वबोधवैधुर्यं बोधयन्नाह—'यदप्यत्यन्तविलक्षणानामित्यादि, तदपि सन्दिग्धानैकान्तिकम्म् विधिनापि तथाभूतेन सालक्षण्यव्यवहारस्य निर्वाहात् तथाहि अयं व्यवहारो न निर्निमित्तः, नाप्यनेक निमित्तः नाप्यनेकासंसर्ग्येकनिमित्तः अतिप्रसङ्गात् । ततौऽनेक संसर्येकनिमित्तः परिशिष्यते[3] इत्यादि, तदपि

वर्णाक्तित्क्षराकार शून्यं गोत्वं हिवर्ण्यते ।

वर्णाकृत्यक्षराकारशून्य (3) सामान्यम्,(2)बहुलाभिसन्धौ धौताधौतमूलकसमानसत्यतावृत्तान्तपामरस्यापि न लक्ष्यते को हि विशेषोऽभावोऽपोहः समस्तवर्णाकृत्यक्षराकारशून्यं वा सामान्यं अतद्रूपपरावृत्त नी (4) लाकारविकल्पेन प्रतीतिविशेषोऽध्यवसायशब्दार्थः वाच्यः, प्रवृत्तेरशेषाया अङ्गमित्युक्तौ, कोऽयमध्यवसायः किमलीकस्य वस्तुतयाऽवभासः किं चावस्थात्मकतया ततो भे(5)दाग्रहो वा वस्तुवासनासमुत्थत्वं वेत्याद्यनभिमतमुख्योऽन्य प्रस्तुतबन्धबन्धुताप्रतानः, अर्थसारूप्यमस्य प्रमाणं तद्वशादर्थप्रतीतसिद्धेः दृश्यविकल्प्याव-(6)र्थविकीकृत्य व्यवहारप्रवृत्तेः प्रमाणफलव्यवस्थात्रापि प्रत्यक्षवदित्यादिवचनात् नीलाकाराद्विशिष्टतद्विशेषग्रहः । अतद्रूपपरावृत्तनीलाकारा

---

1. प्र० वा० 3/123-128 पूर्वार्ध
2. ज्ञा० मि० नि० पृ० 203
3. आ० त० वि० पृ० 145-146
4. प्र० वा० 144 पृ०

तन्मात्रग्रहणमिति व्यवस्था (7) यां "नापिविषयसारूप्यं, (तदभावान्) का हि परमार्थसदलीकरूपयोः समान रूपता नामे त्यादि गुडगोरसयोरेकताकरणं क्वोपयुक्तम्। बाधकप्रत्ययाद्धि तदलीकत्वं किं प्रागा (8) रोप्य चिन्ता क्रियते शेषश्च दोषोऽभिमानस्यैव चिन्त्यत्वादित्यादिरजतप्रतीतिपरामर्शाद्गतः। यदि रजतं किं वाच्यम्। तस्माद्भावाभावसाधारणप्रतिभास(9)······साधकेन विधेः प्रत्ययान्तरेणास्तीति वा स्थाप्यो नास्तीति बाधकेन आशङ्कितस्यारोपितस्य वा प्रतिबंधो देशादिप्रतिषेधे प्रीतिप्रसिद्धमेव।

देशकालनिषिद्धश्चेत् यथास्ति स निषिध्यते।
न तथा न यथा सोऽस्ति तथापि न नि[10]षिध्यते॥[2]

यत् तु ज्ञानसारुप्यात् क···प्रवृत्तिरिति प्रस्तुत्य स्फुरित एव प्रवर्तयनीति तत्सिद्धमेव साध्यते। यतो ज्ञानसारूप्यमनुमानसिद्धमिष्य (1) ते। स चावस्थातु अपरोक्षरूपाज्ञानान्तर्गताप्यनुमानेन सिद्धा। अहंकारास्पदग्राहकाकारपरामर्शान्तिर्गतत्वात् बाह्यभूता स्फुरितशब्दवाच्या।

सारूप्यात [5B VIII-1) **भ्रान्तितो** [10L]**वृत्तिरर्थे चेत्स्यान्न सर्वदा।**
देशभ्रान्तिश्च न ज्ञाने तुल्यमुत्पत्तितो धियः॥
तथा विधायाः, अन्यत्र तत्रानुपगमाद् धियः।
बाह्यऽर्थप्रतिभासाया उपाये वाऽप्रमाणता॥

···वस्था स्वभावबाह्यमाकारा परव्यपदेशता परोक्षतारूप प्रकाशात्मकानहंकारस्य च नीलभावादेव च तथोक्त तद्रूपरावृत्तिविषयाबुद्धि स्वहेतोरालोच्यते प्रव·····················शुक्तौ रजतशुक्तिवत् तेनेदमपि निर्दलितम्।

आ० त० वि० 162-163—"तर्हि स्फुरिते स्वाकार एव प्रवर्तयतु तत्र प्रवृत्त एव चार्थी तत्सदृशमर्थमासादयति। (मणि) प्रभायाँ प्रवृत्तो मणिबदिति चेत् 'न, अभिमतार्थक्रियासामर्थ्यविरहिण्यप्रवृत्तेः। (4) न बाह्ये विकल्पाकारोपसम्भवस्तस्य तेनासंस्पर्शात्। चाकारे बाह्यत्वारोपः स्वरूपे संस्फुरति, अस्वरूपारोपानवकाशात्त्। प्रभायां तु मणि बुद्धयैवमण्यर्थी प्रवर्तते

---

1. आ० त० वि० पृ० 155
2. प्र० वा० 4/227
3. प्र० वा० 2/12-13, 14

न तु तद्बुद्धयेति . दृष्टान्तोऽप्याभास:[1]" इत्यादितर्कतत्त्वमबेदयमानेन भणितम्[1]

> मणिप्रदीपप्रभयोः मणिबुद्धयाभिधावतोः ।
> मिथ्याज्ञानाविशेषेऽपि विशेषोऽर्थक्रियां प्रति ॥
> यथा तथाऽयथार्थत्वेऽप्यनुमानतदाभयोः ।
> अर्थक्रियानुरोधेन प्रमाणत्वं सुव्यवस्थितम् ॥
> ग्राहकाकारविक्षिप्ता नीलमेवेतदिति स्फुरत् ।
> विकल्पबाह्यमेवैतत् ....[2]

नीलान्यनीलनीलगोचरः.........ज्ञानमाभाति नीलाकार उत्पत्ते श्चेत्। अनुमानात् तयोऽन्ये...विकल्प्यार्थौ हि धर्मिणि । "सम्वेदनं च यत् रूपं नहि तत् तस्य वेदनम्' वस्थित न भवत्येतत् । स्थितमवयविन......... (8) अन्वयव्यतिरेकाभ्यां सर्वभेदमिदं गतः ।

तस्माद्बाह्यसिद्धिश्च साकारं च ज्ञानमिति बाललोलुपत्व मिति[3] परिहास परितापि परतापितहृदयव्यक्ताव्यक्ताद्युत्पत्तिज्ञाने नीलमज्ञानं न क्रियोपलक्षितस्वरूपव्यव-(9)-हारत्वमुपायमिति तत् उपाधि नीलमनहंकारकलितमाभासने मेयबाह्यता भासते ज्ञानरूपाख्यं अनुमाने नेति । प्रथमप्रामाणिकवचनमेवेति लक्षणैरूपलक्ष्यते...... ...ष्टा सति (10) वि हेतुरति द्वियो—

> कोकापद्मवने प्रीता नैतदैश्वर्यकारणम् ।
> अद्यापि बहिरेवायं तत्करिण्या महोदधेः ॥
> बालपावकवत् ग्राह्या बालद्रुम.........

यत्पुनरुक्तम्—

"अथ कोऽयमगौर्नाम । किमेकस्य गोस्वलक्षण [5BIX-1] स्यानात्मा आहोस्वित्तद्गतधर्मविरही । आद्ये बाहुलेय एव मौनं शाबलेयस्यात् । द्वितीये

1. सौत्रान्तिकमतसमर्थनम्
2. प्र० वा० 2/57-58
3. आ० न० वि० पृ० 164-वा न पाठान्तरम्
   प्र० बा० 1/274

तु तद्गत धर्मविरहि व्यावृत्तस्तद्वानेन स्यात् तत्र च नो विवादः[1] इत्यादि कृतोपि सर्वदा तदपोहेन ·········दर्शितं स्यात् ।

एक प्रत्यवमर्शस्य हेतुत्वाद्धीरभेदिनी ।
एकधीहेतुभावेन व्यक्तीनामप्यभिन्नता ।[2]
एकप्र[3] त्यवमर्शार्थ ज्ञानाद्येकार्थसाधने,
भेदेपि नियता केचित्स्वभावेनेन्द्रियादिवत् ।।[3]

तस्मात्त्वयि कुर्वंत्सर्वेणेह मण्डलमखण्डसंतत सदा येन पश्यति न भूमिं असन्तश्च···परिमाणवर्णाकृत्यक्षरा(4) एव प्रवृत्ते·· मण्डलकृतमेकपरामर्शमप्यपश्यन् वर्णाकृत्या अतद्धर्म्मव्यतिरिक्तमवबुध्यत इति तथा स्यात् विशेषमपि न यत् न हि रुप्यते एकेनैव व्यवहारो इत्येव व्यक्तित्वे रूपमिति यदि (5)तदा सामान्यमपि नीलाद्याकारवाची स्यात् । स्यादेकव्यवहृतः यतोऽन्यस्मादेकत्वेनान्ये यद्येकत्वेन व्यवहर्तृ स्यात्तर्हि बुद्धिवैकल्यसजातीयव्यावृत्तिविरोधः । किं चाथ व्यक्तिवेन किं भाषकत्वेन(16)व्यवहारयति यत् यत् एतत् अनया प्रतीतं तदेव तयैकत्वेनव्यवहार्यमिति सबला प्रवुत्तिः । बहुषु सामान्येषु वाचित्वमिहा······मिति सत्यस्पष्ट········अन्वयव्यतिरेकाभ्यां (7) प्रत्ययविभागम् ।

बुद्धेरस्खलितावृत्तिर्मुख्यारोपितयोः सदा ।
सिंहे माणवके तद्वद् घोषणाप्यस्ति लौकिकी ।।
यत्र रूढयाऽसदर्थोऽपि जनैः शब्दो निवेशितः ।
स मुख्यस्तत्र तत्साम्याद् गौणोऽन्यत्र स्खलद्गति ।।
यथाभावेऽप्यभावाख्यां यथाकल्पनमेव वा ।
कुर्यादशक्ते वा प्रधानादि श्रुति जनः ।।
यदप्यन्वयि विज्ञानं शब्दव्यक्त्यवभासितत् ।
वर्णाकृत्यक्षराकारशून्यं गोत्वं हि वर्ण्यते ।।[4]

---

1. आ० न० वि० 165-166
   —इति पाठो न मूले
2. प्र० वा० 3/108
3. प्र०वा० 3/72
4. प्र० वा० 2/36-38
5. प्र० वा० 2/147

जातिश्चेद् गेह एकोऽपि मालेत्युच्येत वृक्षवत्।
मालाबहुत्वे तच्छब्दः कथं जातेरजातितः[1] ॥
मालादौ च महत्त्वादिरिष्टो यश्चौपचारिकः
मुख्याविशिष्टविज्ञानग्राह्यत्वान्नोपचारिकः ॥
अनन्यहेतुता तुल्या सा मुख्याभिमतेष्वपि ।
पदार्थशब्दःकं हेतुमन्यं षट्कं समीक्षते ॥
यो यथा रूढितः सिद्धस्तत्साम्यात् यस्तथोच्यते ।
मुख्यो गौणश्च भावेष्वप्यभावस्योपचारतः ॥
संकेतान्वयिनी रूढ़िर्वक्तुरिच्छान्वयी च सः
क्रियते व्यवहारार्थं छन्दः शब्दांशनामवत् ॥[2]
विकल्पसंस्कार मात्राश्रयसमुद्भवः ॥
बाह्य हेत्वाश्रयात् साक्षात्संभवाद्धेतुरोधकः ।
सम्वन्ध बोधिशब्दो वा तद्बोधो वापि बोधयेत् ।
तदभावेऽपि तिरोहे संज्ञावदनपेक्षयेत् ।
तन्मात्रपरतन्त्र सेत्युच्चार्यतुमीहे भया ॥
य मात्रता संवित्तत्रावस्थिति दर्शनात् ।
समयोयमनाद्युपज्ञब्दशक्ति निराकृतम् ॥

अव्यव

शब्दः प्रस्थापकत्वे स्यान्नार्थस्यापि तु संविदः ॥
सा तु तस्येत्य सम्बन्धो प्रच्यवेदकताधिकः ।
नाभिधानं परोधर्मः प्रतीतिकरणाज्जनैः ॥
करणत्वेऽपि कार्याल्पा क्रिया न द्वय निष्ठता ।
प्रतीतेरनुतद्धित्वे तद्धेतुस्ततप्रतिष्ठितः ॥[3]

1. प्र० वा० 2/156
2. प्र० वा० 2/157-160
3. इतः परं पत्राणि नोपलभ्यन्ते

मा चरन्नभि कुतोऽभेदा तद्विपर्यसंविदा ।
सर्वासामर्थसंवित्वे संविदाते विपर्यवः ॥
सर्वमेव प्रमाणं स्यात्वरूपादिष्ट संश्रयात् ।
परोक्षता प्रमाणं स्याद्धेतुभेदे विशेषतत ॥
उतः [4]प्रमाणं तत्त्वैस्तु स्वयमुच्चारणे तथा ।
गर्थप्रतीति निवृत्ति स्वातंत्र्यवति वाचके ॥
नाकाक्षादिकृतै कार्यविषयत्वेऽस्वतन्त्रता ।
एकमेवार्थ विज्ञानं ज्ञानं मिन्द्रिवसंश्रयम् ॥
नातो[5]ऽन्यस्तन्निमित्तस्तद्वस्तु प्रत्वायकं कुतः ।
वस्तुसम्बन्धसामर्थ्याक्षिप्तवस्त्वाश्रयागतिः ॥
तत्र नान्यत्र तच्चैतत्प्रापितं संकरं परैः ।
तदभावे पि या जाता तद्वाक्यप्रष्टपेक्षया ॥
[6] मा मेति शून्यकार्येति कस्य हेतोः प्रकल्पयेत्[1] ।
[बौद्धन्यायाचार्यश्रीरत्नकीर्तिपादविरचितम् ।
उदयननिरकरणम्]

1. इतः परं पत्राणि नोपलभ्यन्ते ।

विशिष्टशब्दसूची

Other Books On Buddhism